Horaz

Oden und Epoden

Übersetzt von Johann Heinrich Voß

Horaz: Oden und Epoden

Übersetzt von Johann Heinrich Voß.

Neuausgabe
Herausgegeben von Karl-Maria Guth
Berlin 2016

Umschlaggestaltung von Thomas Schultz-Overhage unter Verwendung
des Bildes: Albert Dreßler, Frauen am Brunnen, vor 1897

Gesetzt aus der Minion Pro, 11 pt

Verlag: Henricus - Edition Deutsche Klassik GmbH
Mörchinger Str. 33, 14169 Berlin, info@henricus-verlag.de
Druck: Libri Plureos GmbH, Friedensallee 273, 22763 Hamburg

ISBN 978-3-8430-9244-9

Bibliografische Information der Deutschen Nationalbibliothek

Die Deutsche Nationalbibliothek verzeichnet diese Publikation in der
Deutschen Nationalbibliografie; detaillierte bibliografische Daten sind
im Internet über www.dnb.de abrufbar.

Inhalt

Oden

Erstes Buch

1. An C. Cilnius Mäcenas

O Mäcenas, entsproßt herrschendem Ahnenstamm,
Du mir waltender Schutz, köstliche Zierde mir!
Viel sind, welche den Staub, Renner Olympias,
Aufzuwölken erfreut, und das mit glühendem
Rad umflogene Ziel und der Verherrlichung
Palmzweig hoch zu den weltherrschenden Göttern hebt.
Diesen, wenn der bestandlosen Quiriten Schwarm
Zu dreifältiger Ehr' ihn zu erhöhen ringt;
Jenen, wenn als Besitz er in dem Speicher birgt,
Was von Libyens Fruchttennen gefeget wird.
Wer sein väterlich Feld mutig mit scharfem Karst
Aufwühlt, biete sogar Schätze des Attalus,
Nie wird solcher bewegt, daß er in Cyprus Boot
Dir myrtoische Flut bange durchsegele.
Wann des Afrikus Kampf Ikarus Wog' empört,
Zagt der Krämer und Ruh lobt er und seiner Stadt
Segensgegenden; bald zimmert er neu des Schiffs
Lecken Rumpf und verschmäht arme Genügsamkeit.
Auch giebt's, welche den Trunk alternden Massikers
Und an nächtlichen Schmaus Stunden des Tags zu reihn,
Nicht verachten, gestreckt unter des Arbutus
Hellgrün, oder am sanft plätschernden Nymphenborn.
Dem ist Lager und Wall, und zu Trompetenklang
Heller Zinke Verein, Seligkeit, und der Krieg,
Den die Mutter verwünscht. Jupiters kalte Lust
Trägt der Jäger und nicht denkt er der jungen Frau,
Ob ihm etwa den Hirsch wackere Hund' ersahn,
Ob des Marsergebirgs Eber das Garn durchbrach.
Mich hat Epheu, der Kranz edler Begeisterung,

Himmelsmächten gesellt; mich hat der kühle Hain
Und die Nymphen im Chor schwebend mit Satyrvolk,
Abgesondert vom Volk: falls mir den Flötenklang
Nicht Euterpe versagt, noch Polyhymnia
Mir zu stimmen verschmäht lesbisches Saitenspiel.
Wenn *du* mich in die Reihn lyrischer Seher fügst,
Mit hochragendem Haupt rühr' ich den Sternenpol.

2. An den Kaiser Augustus

Schon genug Schneewirbel dem Land und grausen
Hagelschlag gab Zeus, und mit rotem Arme
Donnerglut auf heilige Höhn entschwingend,
Schreckt er die Hauptstadt,
Rings der Erd' Umwohner, daß Pyrrhas Graunzeit
Kehrte, die wehklagte ob neuer Wunder:
Als gesamt sein Vieh zu erspähn die Berge
Proteus emportrieb;
Als die Fischbrut hoch in der Ulme festhing.
Wo die Waldtaub' einst sich gefreut der Wohnung
Und die Gems durch hochaufwallende Meerflut
Bange dahinschwamm.
Ja wir sahn vom tuskischen Strand den Tibris
Gelb die Wog' abdrehn, und dem Königsdenkmal
Ungestüm androhen den Sturz und Vestas
Heiligem Tempel:
Weil zu sehr durch Ilias Klag' empöret
Er zur Rach' auffuhr, und den linken Strand weit
Überfloß, mißfällig dem Zeus, der frauen-
liebende Stromgott.
Einst vernimmt, daß Bürger geschärft den Mordstahl,
Dem mit Fug hinsänke der Perser Hochmut,
Einst vernimmt Feldschlachten durch Schuld der Eltern
Seltene Jugend!
Welchen Gott soll rufen das Volk beim Hinfall
Seiner Macht? Durch welche Gebet' ermüdet
Keuscher Jungfraun Chor die dem Liede wenig

Horchende Vesta?
Wem wird Zeus, Aussühner zu sein des Frevels,
Anvertraun? Komm endlich, o komm, wir flehn dir,
Eingehüllt in Nebel die lichten Schultern,
Seher Apollo!
Oder willst, holdlächelnde, du vom Eryx,
Die der Scherz umschwebt, und der Tändler Eros!
Oder schaust zum armen Geschlecht der Enkel,
Du, der Erzeuger:
Ach. des allzu dauernden Spiels gesättigt!
Den der Schlachtruf freut und der Glanz des Helmes,
Auch des Mauren grimmiger Blick auf seinen
Blutigen Gegner.
Oder wenn, aus Flügelgestalt verwandelt,
Jünglingsgleich auf Erden du gehst, der hehren
Maja Sohn, und gerne genannt dich hörest
Rächer des Cäsar:
Kehre spät zum Himmel zurück, und lange
Fröhlich weil' annoch beim Volk des Quirinus!
Nicht, gekränkt durch unsre Sünd', enteil' auf
Schnelleren Lüften
Steigend! Hier laß große Triumph auch künftig,
Hier dir wert sein, Vater und Fürst zu heißen!
Ungestraft nicht tummle der Mederschwarm dir,
Waltender Cäsar!

3. Auf Vergils Meerfahrt

So geleite dich Cypria,
So tyndarische Macht leuchtender Zwillinge,
Und der Bändiger Äolus,
Dem kein Lüftchen entweh', außer Japyx Hauch:
Schiff, das meinen Vergilius
Treu auf Glauben empfäht, setz' ihn in Attika,
Fleh' ich, ohne Gefährdung aus,
Und erhalte der Seel' andere Hälfte mir!
Machtvoll starrete dreifach Erz

Jenem Mann um die Brust, welcher das morsche Floß
Grausem Wogengewühl zuerst
Hingab, ohne zu scheun Afrikus stürzenden
Tilgungskampf mit dem Aquilo,
Noch die finstre Hyad', oder des Notus Grimm,
Der die Brandungen Adrias,
Unumschränkter Gewalt, steigen und sinken heißt.
Welchem Peinigertod entfloh,
Wer mit trocknem Blick schwimmendes Ungeheu'r,
Wer aufstürmende Fluten sah,
Und verrufnes Gestein hoher Ceraunien?
Fruchtlos spaltete Land von Land
Ein vorsorgender Gott durch des Oceanus
Scheidung, wenn den verbot'nen Sprung
Doch das frevelnde Schiff über das Meer sich wagt.
Tollkühn, aller Gefahr zum Trotz,
Rennt das Menschengeschlecht Gräuel und Sünd' hindurch.
Tollkühn trug des Japetus
Heillos täuschender Sohn Feuer den Völkern zu.
Nach des Feuers Entheimlichung
Aus ätherischer Burg, hielten mit Hagerkeit
Neue Fieber die Erd' umschwärmt;
Auch des ferneren Tods späteres Notgesetz
Eilte rascheren Schritts heran.
Zur Einöde der Luft wagte sich Dädalus
Aus nicht menschlichen Fittigen.
Durch den Acheron brach Herkules Heldenkraft.
Nichts ist Sterblichen allzu schwer!
Selbst den Himmel bedrohn thörichte wir; und nicht
Duldet unsere Missethat,
Daß den zornigen Strahl lege der Donnerer!

4. An Lucius Sestius

Winternde Kälte verthaut dem Favonius und dem schönen Frühling;
Und trockne Kiele rollt die Wind' vom Meerstrand.
Nicht mehr freuet das Vieh sich der Stallungen, noch des Herds der
    Pflüger;
Nicht schimmert nun von grauem Reif der Anger.
Tänze nunmehr mit Gesang führt Cypria, weil der Mond herabblickt;
Und Grazien, zu Nymphen hold gesellet,
Heben der stampfenden Tritt' Abwechselung: doch Vulkanus glühend
Entflammt der Donnerschmiede grause Werkstatt.
Jetzt um das glänzende Haupt, so ziemet es, Myrtengrün gewunden,
Auch Blumen, die das lockre Land uns darbeut!
Jetzt auch ziemt's, in der Hain' Umschattungen Faunus Macht zu
    feiern;
Er fordr' ein Schaflamm oder heisch' ein Böcklein.
Pocht doch der bleichende Tod nicht säumiger, als an Armer Obdach,
An Königsburg? O Sestius, Beglückter,
Eng ist das Leben beschränkt und wehret dir langgedehnte Hoffnung!
Bald birgt dich Nacht und Fabelreich der Manen,
Und das plutonische Haus, das nichtige! Wenn du dorthin wanderst,
Nicht losest du das Königtum des Weines,
Nicht auch entzückt dich der Reiz des Lycidas, dem ein jeder Jüngling
Nun glüht, und bald die Mägdelein entlodern.

5. An Pyrrha

Welcher Knabe, so schlank und mit Gedüft besprengt,
Liebkost feuriger dir, Pyrrha, im Rosenschwarm,
Froh der dämmernden Grotte?
Welchem knüpfst du dein blondes Haar,
Einfach wählend den Schmuck? Wehe, wie oft, wenn Treu
Sich und Götter gewandt, weint er! wie tobende
Flut in schwarzen Orkanen
Staunt er wild mit Befremdung an:
Der nun deiner genießt, goldener Träume voll:

Der dich ewig die Sein', ewig die zärtliche
Hofft, unkundig des Lüftchens,
Welches täuscht! Weh' dem Armen, den
Glatt dein Schimmer bethört! Ich, die geweihete
Tafel zeigt's im Gebild, hängt an die Tempelwand
Meine triefenden Kleider
Jüngst dem waltenden Gott des Meers.

6. An M. Vipsanius Agrippa

Dich verkünd' im Gesang Varius, tapfrer Held
Und Obsieger der Feind', er ein Mäonenschwan;
Was in Schiffen auch je, oder zu Roß, das Heer,
Deiner Führung getrost, vollbracht.
Uns, Agrippa, gewährt solches zu singen nicht,
Noch, den schrecklich im Trotz eifernden Peleussohn,
Noch Meerirren des verschlagenen Ithakers,
Noch des Pelops ergrimmten Stamm,
Unser Mut, zu gering' Höherem: weil die Scham,
Und unkriegrischen Ton stimmende Muse winkt,
Cäsars, o des emporragenden, Lob und deins,
Nicht zu schwächen durch Geistes Schuld.
Wer wohl möchte den Mars im diamantenen
Harnisch würdig erhöhn? Wer den Meriones,
Schwarz von troischem Staub oder durch Pallas Macht
Tydeus Sprößling den Göttern gleich?
Nur vom fröhlichen Schmaus, nur von dem Mädchenkampf,
Wann ihr Nagel gestümpft Jünglingen tapfer droht,
Singen wir, ob gelöst, ob in der Fessel noch,
Flatternd nach dem Gebrauch und leicht.

7. An L. Munatius Plancus

Andere preisen dir Rhodos, die herrliche, bald Mytilene,
Ephesos bald und der hohen Korinthos
Doppelgestade, auch Theben durch Bacchus, auch durch Apollo
Delphi gefei'rt, und der Thessaler Tempe.
Dem ist's einzig Geschäft, jungfräuliche Pallas, die Burg dir
Durch nie endenden Preis zu erhöhn, und
Ihn, den alle berupft, um die Stirn zu flechten, den Ölbaum.
Ganz vertieft in der Juno Verehrung,
Singt der Argos, von Rossen umtrabt, und die reiche Mycene.
Mir hat nie die gehärtete Sparta
Also die Seele gerührt, noch die Flur des reichen Larissa,
Als Albunea's rauschende Wohnung,
Oder des Anio Sturz und Tiburnus Hain und des Obstes
Gärten getränkt von geschlängelten Bächlein.
Wie oft heiterer Süd den dunkelen Himmel von Wolken
Reiniget und nicht gießende Schauer
Stetig gebiert: so denke du selbst auch weise zu enden
Finsteren Gram und Mühe des Lebens,
Plancus, mit Balsamwein: ob dich, hellleuchtend von Adlern,
Lager und Wall, ob in dichter Umschattung
Dich dein Tibur verweilt. Da von Salamis Flur und dem Vater
Teucrus entfloh, hat die Schläfen er dennoch,
Sagt man, feucht vom Lyäus, mit Pappellaube gekränzet,
Also die Freund' anredend im Kummer:
Wo auch immer das Glück, mehr hold denn der Vater, uns hinführt,
Wollen wir gehn, o Freund' und Genossen!
Nichts ist der Hoffnung versagt, wo Teucrus führt und die Gottheit:
Denn es verhieß unfehlbar Apollo,
Salamis soll gleichnamig auf Fremdlingsboden hervorblühn.
Tapfre, wohlan, noch herberes oftmals
Trugt ihr Männer mit mir! Nun tilgt im Weine die Sorgen;
Morgen erneu'n wir den mächtigen Meerlauf!

8. An Lydia

Lydia, sprich, bei aller
Götter Macht! was treibst du in Hast Sybaris Herz vor Liebe
Gar zu vergehn? Wie ward ihm,
Welcher Staub und Gluten ertrug, sonniges Feld zum Abscheu?
Wie, daß er nicht heroisch
Teilt der Jugendfreunde Galopp, noch mit geschärftem Wolfszaum
Gallische Rosse bändigt?
Was so scheu vor Tiberis Flut bebt er zurück? was scheut er,
Banger denn Blut der Nattern,
Edles Öl? und träget nicht mehr Arme gebläut von Rüstung?
Jener, der oft die Scheibe,
Oft den Wurfspieß über das Ziel herrlich an Ruhm hinwegschwang?
Was so geheim doch lau'rt er,
Gleich als Thetis Sohn, wie man sagt, gegen das Jammerschicksal
Ilions, daß der Männer
Kleidung nicht zum Mord ihn entrafft unter die Schar Sarpedons?

9. An Thaliarchus

Du siehst, wie glanzhell steht in getürmtem Schnee
Sorakte, kaum noch unter der Flockenlast
Der Wald sich aufringt, und von scharfer
Kälte der laufende Bach erharscht ist.
Den Frost zu lindern, häufe Gehölz dem Herd
In reicher Fülle; und, Thaliarchus, mild
Gewähr uns dein vierjährig Labsal
Aus dem sabinischen Henkelweinkrug!
Das andre laß du Himmlischen! denn sobald
Ihr Wink die Sturmwind' auf dem zerwühlten Meer
Gehemmt vom Ansturz, ruhn Cypressen,
Ruhn ungeregt die bejahrten Ornen.
Was morgen annaht, meide vorauszuspähn:
Und welchen Tag auch gönnet das Los, empfah
Ihn als Gewinn: nicht traute Liebe,

Jüngling, verschmäh, noch o du! den Reihntanz,
Dieweil du blühest, ferne des grauen Haars
Mißlaunen! Nun sei Kamp noch und Wandelbahn,
Und leises Dämmerungsgeflüster
Gerne gesucht in besprochner Stunde;
Nun auch des Mägdleins, wo sie geheim sich barg,
Verrätrisch holdes Lachen vom Winkel her;
Und Herzenspfand, dem Arm entwendet,
Oder, wie trotzig er thut, dem Finger.

10. An Mercurius

O Merkur, des Atlas beredter Enkel,
Der der Urwelt Menschen aus rohem Unfug
Durch des Worts Weisheit und der Leibesübung
Zierde gebildet:
Dir, dem Herold Jupiters und der Götter,
Sing' ich, dir, dem Vater der krummen Lyra:
Der du schlau, was auch dir gefiel, in leisem
Scherze verheimlichst.
Dich, wofern du trüglich entwandte Rinder
Nicht herausgäbst, schreckte vordem, den Knaben,
Durch der Stimm' Androhn, und, beraubt des Köchers,
Lächelt' Apollo.
Als von Troja Priamos kam der König,
Deiner Obhut froh, hat er selbst des Atreus
Stolze Söhn', auch Thessalerglut, und Feindes-
Lager getäuschet.
Du verleihst, daß Seelen, die fromm gewandelt,
Still in Wonn' ausruhn, mit dem Schwung des Goldstabs
Leichte Schwärm' abführend, des Himmels Göttern
Wert und der Tiefe.

11. An Leukonoe

Nicht vorwitzig geforscht, gegen Verbot, was, o Leukonoe,
Mir zum Lose, was dir, Götter bestimmt; noch babylonische
Wunderzahlen versucht! Besser fürwahr dulden wir, was auch kommt;
Ob mehr Winter annoch, oder ob Zeus diesen zuletzt beschied,
Der nun gegen des Strands Felsengeklüft dort das Tyrrhenermeer
Abarbeitet. Sei klug! Wein uns geklärt und in den engen Raum
Lange Hoffnung beschränkt! Mitten im Wort flieht uns die neidische
Jugend! Nütze den Tag, nicht um ein Haar trauend dem folgenden!

12. An Augustus

Welchem Mann lobsingest du, welchem Heros
Auf der Laut' und klingenden Flöte, Klio?
Welchem Gott? wes Namen soll froh erwidernd
Tönen der Nachhall?
Sei's, wo grün sich Helikons Flur umschattet,
Sei's, wo Pindus ragt und der kalte Hämus,
Dem sich wild entdrängte der Wald zur hellen
Stimme des Orpheus!
Als durch Kunst der Zeugerin er des Bergstroms
Jähen Fall aufhielt und den Flug der Winde,
Schmeichelnd auch, nicht taub sie dem Saitenwohlklang
Eichen heranzog.
Was erheb' ich eher als *Zeus* gewohnte
Ehren? Ihn der Menschen- und Götterschicksal,
Ihn, der Meer und Land und im Zeitenwechsel
Lenket das Weltall!
Welchem nichts, das größer denn er, entstammet,
Welchem nichts auch ähnliches blüht noch zweites!
Doch zunächst nach jenem gewann der Ehren
Herrlichste *Pallas*.
Du im Kampf Mutvoller, von dir nicht schweig' ich,
Liber! und *jungfräuliche Macht*, du Feindin
Grausem Wild, noch dir mit Geschoß des Schreckens

Treffender *Phöbus!*

Auch *Herakles* sing' ich, die Söhn' auch *Ledas*,
Den zu Roß, den, Sieger zu sein im Faustkampf,
Hochberühmt. Hat jener Gestirn dem Seemann
Heiter gefunkelt;

Nieder fleußt am Fels der empörte Salzschaum,
Alle Wind' auch ruhn, es entfliehn die Wolken,
Rings im Meer, wenn jene gewollt, entsinket
Drohende Brandung.

Ob zuerst nun *Romulus* ich, ob *Numas*
Friedensreich ich sing', ob vielmehr das stolze
Machtgebund *Tarquinius*, oder *Catos*
Rühmliches Ende?

Regulus, ihr *Scaur'*, und erhabner *Paulus*
Der die Seel' aushaucht in der Pöner Obmacht,
Seid gegrüßt, *Fabricius* auch, mit hohem
Liede des Dankes!

Den und dich, o *Curius* rauhgelockten,
Zog zu Kriegsheilanden, und dich, *Camillus*,
Strenge Armut auf, und der Ahnenflur gleich-
mäßiger Hausgott.

Wie geheim fortaltend der Baum emporwächst,
So *Marcellus* Ruhm. Es durchblinkt das Sternheer
Dein Gestirn, o *Julius*, gleich wie Luna
Kleinere Funken.

Vater du, uns Erdengeschlecht', und Hüter,
Kronos Sohn! dir gab das Geschick des großen
Cäsars Sorg': Allwaltender du, ein zweiter
Walte dir Cäsar!

Ob er nun auf Latium hergewandte
Parther scheucht, durch Rächertriumph gebändigt,
Ob des Ausgangs äußerstem Rand' entsproßne
Serer und Inder;

Unterthan dir. richt' er mit Fug den Erdkreis!
Du durchkrach' auf grausem Gespann den Äther;
Du entsend' in nicht unbefleckte Haine
Strafende Blitze.

13. An Lydia

Wenn du, Lydia, Telephus
Rosennacken mir lobst, Telephus schlanken Arm
Gleich dem Wachse mir lobst, wie schwellt
Ach, die Leber in Glut, Ärger und Gall' empor!
Dann hält Farb' und Besinnung nicht
Mir den vorigen Stand; über die Wang' auch schleicht
Still die Zähre, die wohl verrät,
Wie durch Mark und Gebein zehrender Brand mir glimmt
Ja mir flammt's, ob die blendenden
Schultern frech dir entstellt hadernder Trunkenheit
Übermaß; ob ein Knab' in Wut
Deiner Lippe des Zahns dauerndes Mal geprägt.
Nein, wenn mich mit Vertraun du hörst,
Hoff' ihn nimmer getreu, welcher den süßen Kuß
Rauh entweihte, dem Cypria
Hold ein Fünftel gemischt eigenen Nektarsafts.
Dreimal selig und viermal sie,
Die unlösbares Band ewig vereint und nicht
Durch unwillige Spaltungen
Vor dem letzten der Tag' innige Liebe trennt!

14. An den römischen Staat

Wieder trägt dich, o Schiff, neues Gewog' ins Meer!
O was trachtest du? Rasch suche der Ankerbucht
Einfahrt! Schauest du nicht, wie
Nackt des Rudergeräts der Bord,
Wie der Mast, von des Süds fliegendem Sturme wund,
Samt den Rahen erseufzt? und wie, der Tau' entblößt,
Kaum ausdauern der Rumpf mehr
Kann den übergewaltigen
Meerschwall? Nicht unversehrt hast du die Segel, hast
Gottheit nicht, die hinfort höre dein Angstgeschrei!
Ob auch, pontische Fichte,

Edler Waldungen Tochter, du
Dein Geschlecht und den nicht frommenden Namen rühmst;
Nichts vertraut des Kastells Bilde der zagende
Seemann! Sollst du der Windsbraut
Spiel nicht werden. o nimm dein wahr!
Du Bekümmernis mir neulich und Überdruß,
Nun mir sehnlicher Wunsch, bangende Sorge mir;
Meid', ach meide die Brandung,
Die durch die Cykladen strömt!

15. Nereus' Weissagung von Trojas Fall

Als durch Wogen der Hirt auf dem Idäerschiff
Treulos Helena fuhr, gastlichem Herd' entwandt,
Jetzt durch lästige Ruh hemmte der Winde Flug
Nereus, daß er Geschick des Grauns
Ihm weissagete: »Heim führst du mit böser Schau,
Die mit mächtigem Heer Gräcia wieder heischt;
Unheil schwört sie gesamt deiner Verehlichung
Und des Priamus altem Reich.«
Ha, wie strömet dem Roß, strömet dem Manne bald
Schweiß? Welch Totengewühl regst du dem Dardaner-
Abstamm! Schon mit dem Helm, schon mit der Ägis stürmt
Pallas her, mit Gespann und Wut!
Fruchtlos kühn auf den Schutz deiner Idalia,
Kämmst du Locken dem Haar und für der Weiber Ohr
Mengst du holden Gesang weichlichem Lautenton!
Fruchtlos, daß im Gemach dem Dräun
Grauser Speer' und dem Stahl gnosischer Rohre du
Ausweichst und dem Getös' und dem ereilenden
Ajax! doch, o zu spät! liegt das verbuhlte Haar
Einst von blutigem Staub befleckt!
Nicht den *Ithakerheld*, deiner Gefreundeten
Unheil, *Nestor* auch nicht schaust du, den Pylier?
Dorther drängt unverzagt Salamis' *Teucer* dich,
Dort dich *Sthenelus*, wohl des Kampfs
Kundig, oder wenns gilt Rosse zu lenken, kein

Träger Wagengenoß! Bald auch *Meriones*
Kennst du! Siehe da tobt, dich zu erspähn, voll Grimms
Tydeus Sohn, dem der Vater weicht!
Welchen du, wie der Hirsch, wenn er daher im Thal
Annahn sahe den Wolf, labendes Gras vergißt,
Mit hochatmender Angst fliehest, o Weichling du,
Der ein anderes Ihr verhieß!
Zornvoll längen die Frist Dardanus alter Burg
Und den troischen Fraun Krieger um *Peleus Sohn*;
Doch am Tag des Geschicks äschern achaische
Flammen Pergamus Häuser ein.

16. Widerruf

Der schönen Mutter schönere Tochter du,
Was auch für Ahndung mehr dir gefällt, beschleuß
Dem frevelen Jambus; ob in Flamme,
Ob du im Adriameer ihn austilgst.
Nicht Dindymene, nicht an der Kluft durchzuckt
Einwohnend Phöbus schaudernden Priestergeist,
Nicht Bacchus also; nicht verdoppeln
So Korybanten Geklirr des Erzes:
Wie finstrer Jähzorn, welchen nicht norischer
Mordstahl, noch Schiffbruch drohende Woge schreckt,
Nicht Wut des Feuers, noch ob furchtbar
Jupiter selbst in Tumult herabkracht.
Sag' ist, Prometheus habe dem Schöpferthon
Aus Zwang gesellet aller Natur umher
Entschnittne Teil und uns des Löwen
Rasende Kraft in die Brust gefüget.
Zorn schwang Thyestes tief in des Untergangs
Abgründe, Zorn war türmenden Städten auch
Ursache, daß sie ganz von Grund aus
Scheiterten, und in den Schutt der Mauern
Der Feind die Pflugschar drängte mit Siegertrotz.
Laß ruhn den Unmut! Mich hat der wilden Brust
Aufwallung auch im Jugendtaumel

Plötzlich gefaßt und zu raschem Jambus
Geschnellt in Wahnsinn. Jetzo mit Sanfterem
Wie gern vertausch' ich Finsteres, wenn nur du
Nach widerrufnem Schmähgesange
Freundin mir wirst und das Herz zurückgiebst.

17. An Tyndaris

Rasch wandert Faunus von dem Lycäus oft
Einher zum anmutreichen Lucretilis,
Und Sommerglut von meinen Ziegen
Wehret er stets und die Regenwinde.
Durch sichre Waldung schlüpfen, sich Arbutus
Zu spähn und Thymus, ohne Gefahr verirrt,
Des strengen Geißbocks Fraun und fürchten
Weder die grünliche Schlang' im Dickicht,
Noch daß dem Zicklein mörderisch droh' ein Wolf:
Dieweil vom Waldrohr, Tyndaris, wundersüß
Das Thal, und, sanft gesenkt, Ustica
Rings durch die glatten Gestein' ertönet.
Mich schützen Götter; Frömmigkeit und Gesang
Macht Göttern wert mich. Reichlicher Segen geußt
Hier voll um dich aus überschwänglich
Strömendem Horne die Pracht des Feldes.
Hier tief im Thalbusch meidest du Sirius
Gluthauch und singst zum tëischen Saitenspiel,
Wie um Ulixes rang der Gattin
Zärtlichkeit, und der krystallnen Circe.
Hier unter Schattung trinkst du des Lesbiers
Rauschlose Becher. Kein semelëischer
Thyoneus stürmt mit Mars zu Aufruhr
Hader empor; noch erschreckt dich Argwohn
Des rohen Cyrus, daß er im Eifergeist
Dem schwachen Mägdlein nahe mit derber Hand,
Und deiner Locken Kranz in Trümmer
Reiß' und das schöne Gewand der Unschuld.

18. An Varus

Nicht vor heiligem Wein andres Gewächs, Varus, dir angebaut,
Wo mit lockeren Au'n Tibur umher, Catilus Burg, sich kränzt!
Denn auf Nüchterne hat, siehe, der Gott jeglichen Gram gehäuft,
Und kein Mittel verbannt, außer dem Trunk, nagender Sorgen
    Schwarm.
Wer wohl klagte nach Wein Lasten des Kriegs oder die Dürftigkeit?
Wer nicht jubelte dir, Bacchus, und dir, freundliche Cypria?
Doch soll über das Maß keiner bezecht Libers Geschenk entweihn!
Also mahnt der Tumult, den der Centaur und der Lapith im Rausch
Ausgetobt; es mahnt Euius, streng ahndend Sithonenschuld,
Wann ohn' Acht, ob erlaubt, ob unerlaubt jene der Lüsternheit
Grenz' umtaumelten. Nein, nie sei von mir, lauterer Bassareus,
Wider Willen gereizt! nie, was geheim mancherlei Laub verdeckt,
Werd' ins Freie gerafft! Hemmt mir den Lärm! hemmt berecyntisches
Horn und Trommelgeroll! Nahe ja folgt blinzende Eigensucht,
Folgt ruhmrediger Stolz, über Gebühr hebend das leere Haupt,
Und ausplaudernde Treu, welche wie durchscheinendes Glas verrät.

19. An Glycera

Amors grausame Mutter will's,
Und dein schwärmender Sohn, Semele, dränget mich,
Und leichtfertige Fröhlichkeit,
Abgestorbener Glut wieder zu weihn das Herz.
Mich entflammet der Glycera
Liebreiz, reiner als je parischer Marmor glänzt;
Mich der artige Mädchentrotz
Und das glatte Gesicht, schlüpferig anzuschaun!
Venus stürzte sich ganz in mich,
Ihrer Cyprus entflohn: daß ich den Scythen nicht
Singen darf, noch des Parthen Mut
Auf gewendetem Roß, noch was für nichts mir gilt!
Hier lebendigen Rasen, hier
Weihrauch, heiliges Laub, Jünglinge, und im Kelch

Mir zweijährigen Wein gebracht!
Wann ihr Opfer gedampft, wird sie besänftigt nahn!

20. An C. Cilnius Mäcenas

Leichten Trunk Sabiner in schmalen Krüglein
Trinkst du heut, den selbst dem Geschirr des Grajers
Ich mit Pech einschloß, da im Festtheater
Beifall dich grüßte.
Freund Mäcenas, Ritter, daß laut der Heimat
Strom erscholl vom Doppelgestad', und gaukelnd
Wiedergab dein Lob von des Vatikanus
Höhen der Nachhall.
Traubensaft von Cäcuber und was Cales
Kelter ausgepresset ist *dein* Getränke;
Meinen Kelch füllt keine Falernerreb' und
Formierweinberg.

21. Lobgesang auf Apollo und Diana

Singt Diana im Chor, blühende Mägdelein,
Singt den lockigen Gott, Knaben, den Cynthier
Und Latona, die innig
Auserkorne dem hohen Zeus.
Ihr erhebt sie, die froh Ströme besucht und Wald,
Ob er laubig entrag' Algidus kalten Höhn,
Ob ihn schwarz Erymanthus
Nähr', ob Gragus in hellem Grün.
Ihr nicht minder erhebt tempischer Thale Reiz,
Delos auch, wo Geburt, Knaben, Apollo fand:
Dem Geschoß und des Bruders
Lyra blank um die Schulter prangt.
Er wird Jammer des Kriegs, kläglichen Hunger und
Pest, vom Volk und dem obwaltenden Cäsar fern,
Persern zu und Britannern
Machtvoll wenden auf eu'r Gebet.

22. An Aristius Fuscus

Wer in Unschuld lebet und rein von Lastern,
Der bedarf nicht maurische Speer' und Bogen,
Noch daß ihm voll giftiger Pfeil', o Fuscus,
Strotze der Köcher;
Ob er durch aufgährende Syrtenstrudel,
Ob er Bahn durch Kaukasus Fremdlingshasser
Suchen woll', ob Orte. bespült vom fabel-
reichen Hydaspes.
Denn ein Wolf im Graun des Sabinerwaldes,
Als ich meine Lalage sang und über
Mein Gefild' hinschweifte, der Sorg' entlöst, floh
Mich Unbewehrten:
Dem kein Scheusal gleicht, das die kriegserfahrne
Daunusflur aufnährt' in den Eichenberghöhn,
Oder Jubas Wüste gebar, der Löwen
Sengende Heimat.
Setze mich, wo weit in erstarrten Feldern
Keinen Baum anatmet die Sommerfrischung,
Wo die Welt mit Nebelgedünst ein harter
Jupiter lastet;
Setze nah zum Gleise des Sonnenwagens
Mich in Glutland hin, das Bewohner weigert:
Meine Wonn' ist Lalage, hold im Lächeln,
Hold im Gespräch mir!

23. An Chloë

Gleich dem kindlichen Reh scheuest du, Chloë mich,
Wann's die zagende Amm' öde Gebirg' hindurch
Aufsucht, ach, mit des Lüftchens
Und der Waldungen leerer Furcht.
Denn ob regeres Laub etwa der kommende
Frühlingsschauer durchfuhr, ob in den Ranken, wo
Grünlich zuckte die Eidechs,

Angstvoll zittert ihm Herz und Knie.
Doch ich stürme ja nicht, als ein Gätulerleu,
Als ein Tiger in Wut, dir ein Zermalmer nach.
Nicht mehr folge der Mutter
Stets nur, schon für den Gatten reif.

24. An P. Vergilius Maro

Was dem sehnenden Gram Mäßigung oder Scheu
Um dies teuere Haupt? Singe, Melpomene,
Sing' uns Trauergesang, du, der zu Lautenton
Helle Stimme der Vater gab.
Also ewiger Schlaf deckt den Quintilius!
Dem holdselige Scham und der Gerechtigkeit
Schwester, lautere Treu, nackende Wahrheit auch,
Wann wohl einen ersehn, der gleicht?
Vielen Redlichen, ach, starb er der Thränen wert,
Doch beweinter denn dir keinem, Vergilius!
Zärtlich forderst umsonst du von den Himmlischen
Den nicht also geliehnen Freund.
Wie? wenn schmeichelnder als Thraciens Orpheus du,
Durch dein Saitengetön Bäume bewegetest;
Wie doch rötete Blut wieder ein Schattenbild,
Das mit schrecklichem Stab einmal,
Keinem frommen Gebet Schicksalentsiegeler,
Hin zur dunkelen Schar drängte Mercurius?
Schmerzhaft! Aber Geduld schaffet erträglicher,
Was zu wenden ein Gott verbeut.

25. An Lydia

Seltner klopfen jetzt am geschloss'nen Fenster
Freche Jünglingsschwärme mit häuf'gen Schlägen;
Nicht den Schlaf dir stören sie noch; das Pförtlein
Liebet die Schwelle,
Das zuvor willfährig genug die Angeln

Umgedreht. Schon minder erschallt und minder
»Ach, da Ich dir sterbe die lange Nacht durch,
Lydia, schläfst du?«
Selber nun wehklagst du um stolze Buhler,
Alt und wertlos schleichend im öden Gäßlein,
Wann der Nord durch düstere Nacht des Neumonds
Grauser dahertobt:
Während Sehnsucht dir und entbranntes Lüstern,
Wie's in Wut aufreizet der Rosse Mütter,
Bang um Herz und schwärende Leber raset;
Nicht ohn' Erseufzen,
Daß des Epheus Grün die bethörte Jugend
Froher wählt, und dunkele Myrtenreiser;
Dürres Laub zum Spiele dem Freund des Winters
Widmet, dem Eurus!

26. Auf Älius Lamia

Ein Musengünstling geb' ich Verdruß und Gram
Den ungestümen Winden in kretische
Meerflut zu tragen: wer am Nordpol
Zage dem Schach des beeisten Strandes,
Was Tiridaten ängstige, überaus
Sorglos! O Freundin lauterer Quellen du,
Besonnte Blumen wind', o meinem
Lamia winde den Kranz, Pimplëis,
Du holde Göttin! Ohne dich kann ich nichts
Mit allen Ehren. Ihn zu erhöhn, ja ihn,
Auf Lesbos neubespannter Laute,
Ziemet dir selbst und dem Chor der Schwestern!

27. An seine Trinkgenossen

Dem frohen Gastmahl eigene Kelch' entweihn
Zum Kampf, ist thracisch! Bannt den barbarischen
    Unfug und vom schamvollen Bacchus
      Hemmet den blutigen Zank und Hader!
Zu Wein und Kerzen, ha, wie entsetzlich stimmt
Ein Medersäbel! Sänftiget doch die Wut
    Heilloses Ausrufs und, Genossen,
      Drückt mit gestemmetem Arm die Polster.
Wollt ihr, ich selbst auch nehme des ernsteren
Falerners? Sag' uns erst der Opunterin
    Megilla Bruder, welche Wund' ihn,
      Welch ein erobernder Pfeil beseligt.
Dein Wille sträubt sich? Nimmer um andren Preis
Trink ich! Wie Venus dir auch bezähmt das Herz,
    Von nicht errötenswerter Flamme
      Glühest du; immer allein für Edles
Entrafft dich Sehnsucht. Was du auch hast, wohlan,
Vertraue sicherm Ohre dich! – Armer, ach!
    Wie rollt im Strudel dich Charybdis,
      Knabe, der bessere Glut verdienet!
Welch Zauberweiblein, welcher Thessalier
Mit Bann und Giftkraut löset dich? welch ein Gott?
    Kaum ringt dich, den umstrickt das Scheusal,
      Pegasus frei aus den Klaun Chimäras!

28. Auf Archytas

Der Schiffer

Dich, des Meers und der Erd' und des zahllos wimmelnden Sandes
Weltausmesser, beschränkt, Archytas,
Hier des winzigen Staubs am matinischen Strande so kleines
Ehrengeschenk? und es frommet dir gar nichts,

Daß du ätherische Räume erforscht und im Geiste den runden
Himmel durchschwebt, da der Tod dir bevorstand.

Archytas

Selbst ja des Pelops Vater verschied, der geschmauset mit Göttern;
Auch der in Lust entrückte Tithonus;
Minos sogar, der mit Zeus ratschlagete; Tartarus hält auch
Panthons Sohn, der von neuem zum Orcus
Niedersank, obgleich er, mit abgehobenem Schilde
Troische Tage bezeugend, durchaus nichts
Außer Sehnen und Haut dem dunkelen Tode bewilligt;
Er, urteile du selbst, kein Schwätzer
Über Natur und Wahres. Doch all' uns decket einmal Nacht.
Alle wir gehn einst Pfade des Todes!
Andere streckt die Erinys zur Schau dem gräßlichen Mavors;
Gieriges Meer ist Verderben dem Schiffer.
Greis' und Jünglinge häufet gemischt der Bestattende; keines
Hauptes verschont der Proserpina Mordlust.
Mich auch stürzte der jähe Genoß des gesunken Orion
Notus hinab in illyrische Wogen.
Doch nicht karg, o du Schiffer, gesäumt, des wehenden Sandes
Diesem Gebein und dem Haupt ohn' Grabmal
Auch zu gewähren ein Teil! So soll, was Eurus auch androht
Westlicher Flut, Unheil Venusiner-
Waldungen sein, da du selber verschont bleibst. Reicher Gewinn auch
Ströme, woher er nur kann, von dem milden
Jupiter dir, und Neptunus, dem Schutz des geweihten Tarentum!
Achtest du nichts, Mißhandlung zu üben,
Die unschuldige Kinder hinfort dir beschädiget? Traun, wohl
Strenge Gericht' und harte Vergeltung
Treffen dich selbst! Nicht bleibt des Verlassenen Flehn ungeahndet;
Und dich erlöst kein Opfer der Sühnung!
Welcherlei Hast dich auch drängt, der Verzug macht wenig; erlaubt
    ist,
Nach drei Würfen von Staub zu entwandern.

29. An Iccius

Den reichen Goldschatz neidest du Arabern,
Und scharfen Feldzug, Iccius, rüstest du
Sabäas nie zuvor bezwungnen
Königen, und für den grimmen Meder
Schon Ketten fügst du. Welche bedient dich einst
Der Barbarjungfraun, sank ihr der Bräutigam?
Und welcher Höflingsknabe steht dir
An dem Pokal mit gesalbtem Haupthaar,
Zu schnellen kundig serisches Rohrgeschoß
Vom Vaterbogen? Leugnet mir nun, zum Berg
Hochauf vom Absturz wieder steigen
Könne der Bach, und gewandt der Tibris;
Da rings erkaufte Rollen Panätius
Des Ehrenmanns, und Sokrates Jüngerschaft,
Zu tauschen um Ibererpanzer
Du, der ein bess'res verhieß, dich anschickst!

30. An Venus

Venus du, der Cnidos gehorcht und Paphos,
O verschmäh dein Cypros und komm, wo stehend
Vielen Weihrauch Glycera streut, zur schönen
Wohnung herüber!
Folge rasch dein feuriger Knab', und gurtlos
Dir der Anmut Göttinnen samt den Nymphen;
Auch, die wenig ohne dich reizt, die Jugend
Folge mit Hermes!

31. An Apollo

Was heischt, Apollos heiligem Sitz genaht,
Der Sänger? was doch flehet er, neuen Saft
Der Schal' entgießend? Nicht die fette
Saat aus sardinischen Fruchtgefilden;
Nicht ausgedörrter Calaber stattliches
Hornvieh, auch Indus Gold nicht und Elfenbein,
Nicht Äcker, die der stumme Liris
Still mit geruhiger Welle naget.
Mit Cales Hippe bändige, wem das Glück
Ihn gab, den Weinstock. Selber ans goldenen
Pokalen schlürf' ein reicher Kaufmann
Weine, mit syrischer War' erhandelt;
Wert selbst den Göttern, weil er im Jahre drei
Viermal des Atlas Brandungen ungestraft
Heimsuchet. *Mir* sind Kost Oliven,
Mir der Salat und die leichte Malve.
Genuß des Eignen gieb zu Gesundheit mir,
Und, Sohn der Leto, daß ich mit frischem Geist,
Dies fleh' ich, kein unrühmlich Alter
Lebe, noch ohne den Klang der Zither!

32. An seine Laute

Uns verlangt man. Wenn ich mit dir im Schatten
Je geschäftlos scherzte, was dieses Jahr durch
Leben kann, und mehr, so ertön', o Laute,
Römergesang mir,
Du zuvor vieltönig dem Bürger Lesbos,
Der, von Kriegsmut wild, in den Waffen dennoch,
Oder wann am wogenden Strand sein leckes
Schiff er befestigt,
Musen, euch und Liber besang, und Venus,
Samt dem stets ihr haftenden Flügelknaben;
Und wie Lykos dunkel von Aug' und dunkel

Prangte von Haupthaar.
Phöbus Schmuck, o Laute, dem Mahl des Götter-
Fürsten Zeus willkommene, du der Arbeit
Süßes Labsal, sei mir gegrüßt, wie oft ich
Rufe mit Andacht!

33. An Albius Tibullus

Klag, o Albius, nicht allzu gerührt das Leid,
Das dir Glycera schafft, noch in Verzweifelung
Sing' elegischen Gram, weil dich ein jüngerer
Überglänzt nach verletzter Treu.
Schau, Lykoris, die Stirn enge vom Lockenhaar,
Flammt für Cyrus in Glut; Cyrus, wiewohl verschmäht,
Neigt zur Pholoe sich, aber zuvor gesellt
Sich dem Apulerwolf das Reh,
Als der schmähliche Buhl Pholoes Herz bethört.
So hat's Venus gewollt, die an Gestalt und Sinn
Manch unähnliches Paar unter das ehrne Joch,
Froh des grausamen Spiels, vereint.
Selbst mich, welchem sich hold edlere Lieb' entbot,
Hielt in Bande der Lust Myrtale eingeschmiegt,
Unfrei jüngst und empor stürmend, wie Adrias
Meer die Calaberbucht umtobt.

34. An sich selbst

Sparsam den Göttern dienend und seltener,
So lang' ich unsinnredender Weisheit treu
Nachtappt' in Irrsal, wend' ich jetzo
Wieder die Segel aus Zwang und steure
Rückwärts die Laufbahn. Siehe, Diespiter,
Der Wolkennacht mit zuckender Flamme sonst
Zerspaltet, trieb durch klaren Äther
Donnernde Ross' und den Flügelwagen;
Dem rings die Erdlast, schweifende Ströme rings,

Dem unten Styx und Tänarus grausige
Abgründ' und Atlas fernster Weltsaum
Schütterten. Hohes vertauscht mit Nieder'm
Machtvoll und senket strahlenden Glanz ein Gott
Das Dunkle hebend. Schwirrenden Fluges stürmt
Fortuna, die hinweg die Kron' hier
Raffet und dort mit Freuden sie hinlegt.

35. An die Fortuna zu Antium

O Göttin, huldreich waltend in Antium,
Die schnell entscheidend nun aus dem Staub erhöht,
Was sterblich aufwuchs, nun in Todes-
Klage den stolzen Triumph verwandelt:
Dich ruft, wer dürftig arme Gefilde baut.
Mit bangem Flehn, dir, Flutenbeherrscherin,
Wes Barke voll Bithynerladung
Trotz der karpathischen Woge bietet.
Dir zagt der Daker Hord' und der Scyth' in Flucht,
Dir Städt' und Völker, Latiums Kämpfer dir,
Die Mütter von Barbarenherrschern
Und die gepurpurten Machtgebieter;
Daß nicht herunterstürze dein Fuß mit Hohn
Die stehnde Grundsäul', und das gedrängte Volk
Zu Waffen, was noch säumt, zu Waffen
Reg' und die Obergewalt zermalme.
Vor dir beständig gehet der grause Zwang,
Der starke Balkennägel und Keile trägt
In ehrner Hand, auch ernster Klammern
Nicht und geschmolzenen Bleis ermangelt.
Dich ehret Hoffnung, seltene Treue dich,
Die weiß umhüllt nie deinem Geleit entsagt,
Wenn auch nach umgetauschter Kleidung
Feindlich ein mächtiges Haus du räumest.
Treuloser Pöbel weicht und die Buhlerin
Meineidig rückwärts; plötzlich, sobald dem Faß
Versiegt die Hef' ist, fliehn die Freunde,

Falsch dem gemeinsamen Joch entschlüpfend.
Erhalte Cäsar, der zu den äußersten
Britannen auszieht, und die erlesene
Streitjugend, schreckvoll Auroras
Morgenbezirk und dem roten Weltmeer!
Uns reut der Narben und des Vergehns und ach,
Der Brüder! Was doch mieden wir eisernes
Zeitalter? was doch blieb des Greuels
Uns unberührt? wo enthielt die Jugend
Aus Götterfurcht sich frevelnder That? wo ward
Altären Schonung? O den gestümpften Stahl,
Auf neuem Ambos schmied' ihn gegen
Araber um und den Massageten!

36. An Plotius Numida

Weihrauch bring' ich und Saitenhall
Froh zum Dank und des Farrn lange gelobtes Blut
Für die Götter des Numida,
Der, gesund von dem Rand' Hesperus heimgekehrt,
Viel den teuren Genossen rings,
Aber keinem so viel zärtliche Küss' erteilt,
Als dem trautesten Lamia,
Weil in einerlei Zucht beiden die Kindheit schwand,
Beid' die Toga zugleich vertauscht.
Nicht des kretischen Strichs mangle der schöne Tag,
Nicht sei Maß dem gelangten Krug,
Nicht in salischem Tanz Ruhe dem Fuß vergönnt,
Nicht die Zecherin Damalis
Zech' im thracischen Zug' unseren Bassus ab,
Nicht sei Rose dem Mahl und nicht
Lebenseppich entfernt, flüchtige Lilie nicht!
Alle heften auf Damalis
Wollustblicke; doch nie trennet sich Damalis
Ab vom neuen Eroberer,
Mehr als Epheugerank, innig ihm angeschmiegt.

37. Auf den Tod der Kleopatra

Nun froh getrunken, nun mit dem Fuß den Grund
Gestampft in Freiheit, nun saliarische
Festmahl' auf Polsterpracht der Götter
Ward uns zu rüsten vergönnt, o Freunde!
Nicht ziemt uns ehmals Cäcuber, vorgelangt
Aus Ahnenzellen, während die Königin
Dem Kapitol Umsturz in Wahnsinn,
Tod dem gewaltigen Reich bestimmte,
Mit schandbeladnem Schwarme des kränkelnden
Halbmannsgeschlechtes, alles zu hoffen frech,
Die ganz vom Taumelkelch Fortunas
Trunkene! Doch es verschwand die Wut ihr,
Als kaum den Feuern eines der Schiff' entrann,
Den Geistesschwindel, den Mareotiker
Aufbrauste, schuf zu wahrem Schrecken
Cäsar, vom Italerstrand mit Rudern
Den Flug verfolgend (so wie der Habicht folgt
Kraftlosen Tauben) so wie dem Hafen rasch
Nachsetzt der Waidmann durch beschneites
Hämonerfeld,) daß er schläng' in Fesseln
Das Graun des Schicksals! welche, den edleren
Ausgang sich suchend, weder das Schwert als Weib
Verzagend hob, noch neuer Winkel
Schutz mit beschleunigter Flott' erstrebte:
Kühn, anzuschaun die liegende Königsburg
Mit heitrem Antlitz, tapfer zu fassen auch
Grimmvolle Nattern, um ihr schwarzes
Gift in den starrenden Leib zu saugen,
Nach abgewognem Tode noch trotziger,
Liburnerjachten neidend den grausen Stolz,
Wenn würdelos sie zum Triumphzug,
Nicht sie ein niederes Weib, entführt ward.

38. An seinen Diener

Perseraufwand ist mir verhaßt, o Knabe,
Nicht gefällt umwunden mit Bast ein Kranz mir;
Spare dir Nachforschung, ob wo verspätet
Weilet ein Röslein.
Bloßer Myrte füge mir nichts geschäftvoll
Sinnend bei; nicht übel an *dir*, dem Diener,
Steht der Myrtenkranz, noch an *mir*, dem Trinker
Unter dem Rebdach.

Zweites Buch

1. An C. Asinius Pollio

Den Bürgeraufstand seit des Metellus Jahr,
Des Krieges Ursprung, Fehler und Wendungen,
Fortunas falsches Spiel und schrecklich
Endenden Fürstenverein und Waffen,
Unausgesühntes Blutes noch fleckenreich,
Ein Werk, von mißfalltragender Würfel voll,
Behandelst du, auf Feuer gehend,
Welches mit trüglicher Asch' umhüllt ist.
Laß kurz die Muse strenger Tragödie
Abgehn vom Schauplatz. Bald, wann des Reichs Geschäft
Du ausgeführt, tritt herrlich wieder
Auf dem cekropischen Festkothurnus:
Du edle Schutzwehr banger Beschuldigter,
Und Rat der weisen Curie, Pollio,
Dem ewig Ehr' und Preis der Lorbeer
Bracht' im Triumph des Dalmatensieges.
Schon jetzo tönt dein drohendes Horngetön
Dem Ohre, schon auch schmettert der Zinken Hall,
Schon blendet Waffenglanz die scheuen
Rosse zurück und der Reiter Antlitz.
Zu hören glaub' ich schon die erhabenen
Feldherrn, von nicht unrühmlichem Staub entstellt,
Und rings der Erd' Umkreis gebändigt,
Außer dem trotzigen Sinn des Cato.
Der Juno Zorn, und wer der Olympier,
Huldreich den Afrern, aus ungerächtem Land
Ohnmächtig abzog, gab der Sieger
Enkel zum Opfer dem Staub Jugurthas.
Wo nicht bezeuget, fett von Latinerblut,
Das Feld mit Gräbern Schlachten der Missethat?
Wo nicht vom Meder selbst gehörten
Sturz, da Hesperia kracht' in Trümmer?

Sind Strudel, sind wo Ströme des Jammerkriegs
Unkundig? welches Meer, von der daunischen
Ermordung unentfärbet? welche
Küste, die unseres Bluts ermangelt? –
Doch nicht zu dreist mir, Muse, vom Scherz verirrt,
Erneue wieder cëischen Klageton!
Hier, wo Diones Grotte kühlet,
Suche mir leichteren Schwung des Liedes!

2. An Sallustius Crispus

Weder Farb' hat Silber noch Glanz, das geizig
Uns die Erd' einhüllt, o du Feind des Reichtums,
Wenn es nicht, Sallustius Crispus, blank wird
Weisem Gebrauche.
Fernen Zeitraum lebt Proculejus Name,
Wohlbekannt durch väterlich Thun an Brüdern,
Ihn erhebt auf stets ungelöstem Fittig
Fama zur Nachwelt.
Größer ist dein Reich, wenn du Gier des Geistes
Bändigst, als ob Libya du der fernen
Gadesflur anreihtest, und beide Pöner
Dienten dir *einem*.
Gräßlich schwillt, sich pflegend, die Wassersucht auf;
Nie entweicht ihr Durst, wo der Krankheit Urstoff
Nicht dem Blut ausgor und gebleichter Glieder
Flüssige Schlaffheit.
Cyrus Thron nahm wieder und herrscht Phraates;
Doch, dem Volk mißhellig, enthebt die Tugend
Ihn der Zahl Glückseliger, und des Pöbels
Falsche Benamung
Straft sie ernst, Herrschaft, Diadem und Obmacht
Dem allein zusichernd, und steten Lorbeer,
Der auf Goldanhäufung mit ungereiztem
Auge hinabblickt.

3. An Dellius

Erhalte sorgsam, waltet die böse Zeit,
Dein Herz in Gleichmut, doch in der guten auch
Von ungezähmtem Wonnetaumel,
Dellius, rein, o du Raub des Todes,
Ob du in Kummer jegliche Frist gelebt,
Ob feiertäglich auf der geheimen Au
Zurückgelehnt du dich beseligt
Mit dem verwahrteren Krug Falerners.
Wo helle Pappel, luftiger Pinie
Gesellt, das froh einladende Laubgewölb'
Ausbreitet und durch krumme Windung
Ängstlich der Quell wie im Flug' herabbebt:
Hier Wein' und Salben, und, der zu bald verwelkt,
Des Rosenhaines blühenden Schmuck gereicht,
Nun Wohl und Alter und der Schicksals-
Göttinnen dunkles Gewirk es gönnet.
Du räumst den Ankauf waldiger Berg' und Haus
Und Hof, den gelblich netzet der Tiberis;
Du räumst! und was an stolzem Reichtum
Hoch du gehäuft, das gewinnt dein Erbe.
Sei reich, dem alten Inachusstamm entsproßt,
Kein Unterschied! sei arm und ein Niedriger
Des Volks, gedeckt vom blauen Himmel:
Opfer entrafft ohn' Erbarmen Orkus.
All' *eine* Straße müssen wir; allen rauscht
Die Urn' in Umschwung: früher und später fällt
Das Los des Schicksals, uns zum ewig
Währenden Bann in den Kahn zu setzen.

4. An Xanthias aus Phocis

Sei der Dienstmagd Liebe dir nicht Beschämung,
Xanthias aus Phocis. Sogar den hohen
Peleussohn zwang, weißer denn Schnee, des Brises
Dienende Tochter.
Auch den Ajax, Telamons Sohn, bezwang ja
Durch Gestalt Tekmessa, die Kriegsgefangne;
Atreus Sohn auch brannt' im Triumph um Trojas
Fröhnende Jungfrau:
Als im Staub, durch Thessalerkraft gebändigt,
Lag der Feinde Schwarm, und der Fall des Hektor
Leicht bezwingbar nun den erschöpften Grajern
Pergamos darbot.
Weißt du denn, wie edel und hoch als Eidam
Dich das Stammhaus ehre der blonden Phyllis?
Königsahnherrn traurt sie gewiß, und allzu
Harte Penaten.
Nimmermehr, daß solche für dich aus argem
Pöbelblut aufwuchs! Die so treu dich liebet,
So von Habsucht fern, o wie konnt' ein schlechter
Leib sie gebären?
Angesicht und ründliche Arm' und Füßlein
Lob' ich sehnsuchtslos. Du betracht' ohn' Argwohn
Ihn, dem achtmal schon in des Lebens Umschwung
Rollte das Lustrum.

5. An den Liebhaber der jungen Lalage

Noch nicht gebändigt kann sie das Joch am Hals'
Ertragen, noch nicht teilen des Mitgespanns
Kraftvollen Zug und nicht den Ansturz
Dulden des mächtigen Stiers in Wollust.
Auf grüne Felder richtet den Jugendsinn
Die Starke dir, die jetzo im Bach die Glut
Des Tages abkühlt, jetzt durch feuchtes

Weidengebüsch in dem Spiel mit Kälbern
Herzhaft voranhüpft. Zähme die Lüsternheit
Des grünen Herlings. Bald die gebläueten
Weintrauben dir umher verdunkelnd
Färbet der Herbst in gesprengtem Purpur.
Bald wird sie folgsam, denn es entflieht die Zeit
Voll Trotzes, und, was dir sie an Jahren raubt,
Erteilt sie ihr; bald dreister Stirne
Suchet sich Lalage selbst den Gatten;
Geliebt, wie Chloris nimmer und Pholoë,
Die Wild'; und glänzendweiß um die Schulter so,
Wie Luna silberrein im Nachtmeer
Strahlt, und der Gnidierknabe Gyges;
Der, eingeschaltet fröhlichen Mädchenreihn,
Gar sehr den Scharfsinn täuschte der Fremdlinge.
Kaum unterscheidbar, durch des Haares
Flatternde Füll' und das Zwitterantliz.

6. An Septimius

Der du gern bis Gades, Septim, mir folgtest,
Und wo jochlos Cantaber uns sich sträuben,
Zu Barbarensyrten, wo stets emporwallt
Maurische Brandung;
Tibur, das argeische Hand gegründet,
Sei der Sitz, o Seligkeit, meinem Alter!
Sei das Ziel mir müden des Meers, der weiten
Weg' und des Feldzugs!
Wenn von dort unhold mich die Parce scheidet,
Zum Galäsusstrom, der bewollte Schafe
Tränkt, entwall' ich dann, und der Flur des Sparter-
Helden Phalantus.
O wie mich vor allem Bezirk des Erdreichs
Jener Ort anlacht, wo Hymettus Feldern
Nicht der Honig weicht, und das Öl dir eifert,
Grünes Venafrum;
Wo den Lenz langwierig und lau des Winters

Tage Zeus darbeut und gesegnet Aulon
Durch Lyäus Gunst die Falernertrauben
Wenig beneidet.
Dich und *mich* ruft jenes Gefild' und jener
Stolzen Höhen Glück; mit gerechter Thräne
Sprengst du dort einmal des geliebten Sängers
Glühende Asche.

7. An Pompejus Varus

O du, mit mir oft nahe zum Äußersten
Geführt, da Brutus lenkte die Heeresmacht,
Wer schenkte dich, Quirit, der alten
Italerluft und der Heimat Göttern?
Pompejus, erster meiner Genossen du!
Mit dem ich oftmal zögernde Tag' in Wein
Abkürzte, mein gekränztes Haupthaar
Von malobathrischem Duft umschimmert!
Mit dir empfand ich jene geschnellte Flucht
Philippis, wo unrühmlich den Schild ich warf,
Als Männertugend sank und Droher
Schimpflichen Grund mit dem Kinne deckten.
Doch *mich* entschwang durch Feinde Merkurius,
Da dichter Nebel hüllte den zagenden:
Dich rafft' in frischen Kampf von neuem
Schlürfende Flut des empörten Strudels.
Gelobten Schmaus nun bringe dem Jupiter,
Nach langem Feldzug lagre den müden Leib
In meines Lorbeers Kühl' und nicht doch
Schone des Krugs, der gehegt dir altert.
Geuß voll des sorgenbrechenden Massikers
Die blanken Römer! Schütt' aus geräumigen
Salbmuscheln Balsam! Wer beschleunigt
Kränze vom feuchten Gesproß des Eppichs,
Wer rasch von Myrten? Welchen ernennt des Trunks
Obherrscher Venus? Laßt mich bacchantischer

Heut' taumeln als Edoner! Süß ist
Rasender Rausch, da der Freund zurückkam.

8. An Barine

Hätte dir meineidiger Schwur durch *eine*
Strafe nur, Barine, geschadet jemals;
Würd' ein Zahn dir etwas geschwärzt und etwas
Häßlich ein Nagel:
Glauben wollt' ich, aber sobald verwünschend
Du das Haupt, Treulose, geweiht, so strahlst du
Schöner noch weit mehr, und erscheinest aller
Jünglinge Sehnsucht.
Ja dir frommt's, wann ruhenden Staub der Mutter
Du getäuscht, und was von der Nacht Gestirnen
Still am Pol herblinkt, und dem kalten Tod un-
pflichtige Götter.
Dessen lacht wohl Cypria selbst, die Nymphlein
Lachen einfaltsvoll und der wilde Amor,
Welcher stets hellsprühende Pfeile schärft auf
Blutigem Schleifstein.
Immer wächst dir noch die gesamte Jugend,
Immer noch neu dienender Schwarm; auch fliehn dir
Nicht das Haus, Zwingherrin, die ersten Fröhner,
Oft sich vermessend.
Dir sind bang' hier Mütter um traute Söhnlein,
Bange dort aufsparende Greis', und arme
Junge Frau'n, ob nicht den Gemahl dein falsches
Lüftchen umschmeichle.

9. An T. Valgius Rufus

Nicht immer strömet schlackiger Wolkenguß
Wustvollen Äckern; kaspische Wogen nicht
Durchwühlt der Sturm ungleicher Stoßwind'
Ewig, und nicht in Armenerfeldern

Steht träges Glatteis, trautester Valgius,
Durch alle Monde; nicht mit dem Nordorkan
Ringt stets Garganus Eichelwaldung,
Oder des Laubes beraubt die Ornen.
Du trauerst endlos in Melodien des Grams
Um Mystes Abschied; weder wenn Hesperus
Aufsteiget, bannt dein Herz die Sehnsucht,
Noch wenn der Sonne Gewalt er fliehet.
Doch nicht der dreifach altende Pylergreis
Verweint um seinen Liebling Antilochus
Das Leben, noch den zarten Jüngling
Troilos klagt unbegrenzt der Eltern
Und Schwestern Wehmut. Hemme den weichen Laut
Des Schmerzes endlich! Lieber getönt mit uns
Die neuen Siegestrophä'n Augustus
Cäsars! getönt, wie erstarrt Niphates
Und Mederströmung, dienstbarem Völkerschwarm
Gesellet, jetzo leinere Wirbel dreht;
Und mächtig eingezwängt Geloner
Winziger Steppen Bezirk durchtummeln!

10. An Licinius

Wohl gelebt, Licinius, wenn man weder
Hohes Meer stets hält, noch, dieweil dem Sturmwind
Man in Angst entfliehet, zu dicht dem falschen
Strande sich andrängt.
Wer die Segnung goldenen Mittelstandes
Auserkor, scheut sicher der abgemorschten Hütte
Wust, scheut mäßig beneidenswerte
Pracht des Palastes.

Öfter wankt vom Winde bewegt der Fichte
Riesenwuchs; viel schmetternder kracht hinunter
Hoher Türm' Einsturz, und es schlägt des Berges
Gipfel der Donner.
Stets im Unglück hofft, und im Glück besorget

Andren Schicksalswurf, wer das Herz mit Weisheit
Vorberiet. Unfreundliche Winter sendet
Zeus und derselbe
Fernt sie. Nicht was jetzo dich quält, wird künftig
Also sein. Oft weckt er Gesang der Muse
Durch der Laut' Aufruf, und Geschoß nicht immer
Spannet Apollo.
Wenn dich Not einengt, unerschrocknen Mutes
Ringe mannhaft an: doch zugleich bedachtsam
Eingeschürzt in allzu gewognem Fahrwind
Schwellende Segel!

11. An Quintius Hirpinus

Was droh' in Kriegswut Cantaber oder Scyth',
O des, Hirpinus Quintius, noch getrennt
Durch Adrianerflut, sei achtlos;
Nicht auch erbang' um Bedarf des Lebens,
Das wenig fordert. Schaue, zurück entflieht
Die glatte Jugend und die Gefälligkeit;
Das dürre Greistum scheucht die üppig
Tändelnde Lieb' und den holden Schlummer.
Nicht stets in gleicher Herrlichkeit blüht und prangt
Der Frühling, nicht mit einerlei Angesicht
Blinkt Luna feurig. Was denn quälet
Ewiger Plan den beschränkten Geist dir?
Warum nicht sorglos, wo die Platan' und dort
Die Pinie schattet, ruhn wir, indes die Ros'
Im Silberhaar (noch darf sie) duftet,
Und die assyrische Nard' es balsamt,
Wir, frohe Zecher? Bacchus verbannt den Schwarm
Des herben Unmuts. Wer, o ihr Jünglinge,
Wer kühlt die Glut Falernerbechern
Rasch in dem Bach, der vorüberrauschet?
Wer lockt die einsam hausende Lyde her?
Auf, heiß' mit elfenbeinerner Lyra flugs

Sie eilen, ihr schmuckloses Haupthaar
Gleich der Lakonerin aufgeknotet!

12. An Mäcenas

Heiß' nicht dauernden Krieg wilder Numantier,
Oder Hannibals Grimm, noch das Sikanenmeer,
Rot von pönischem Blut. tönen herabgestimmt
Zum weichherzigen Lautenton;
Noch Lapithen im Zorn, und den Hyläus voll
Lautren Weins, und, bezähmt unter Herakles Arm,
Tellus Riesengeschlecht, dessen Erschütterung
Kaum aushielt der saturnische
Ätherhelle Palast. Du in gehaltnerem
Gang der Reden erzählst Cäsars Bezwingungen
Mehr, Mäcenas, nach Fug und wie die Kett' einher
Grauser Könige Stolz geführt.
Ich, die Muse gebot's, melde Lycimnias
Honigsüßen Gesang, melde der Herrscherin
Klar anstrahlendes Aug' und das getreue Herz,
Wohl erwidernder Liebe voll:
Die nicht ohne Geziem hebet den Fuß zum Tanz
Noch wetteifert im Scherz, oder die Arme beut
Im jungfräulichen Reihn edler Gespielinnen,
Am gefei'rten Dianafest.
Nähmst du alle Besitztümer Achämenes,
Und Mygdoniergut phrygischer Segensau'n,
Zum Ersatz für das Haar deiner Lycimnia,
Selbst der Araber reiche Pracht?
Wann zum feurigen Kuß jene daher den Hals
Neiget oder zum Schein grausam einmal versagt,
Was, mehr schmachtend wie du, lieber geraubt sie wünscht,
Manchmal selber zu rauben eilt?

13. Auf einen Baum, der den Dichter beinahe

erschlagen hatte

Der hat am Unglückstage dich hingepflanzt,
Wer auch gepflanzt hat, und mit verruchter Hand
Dich aufgenährt, o Baum, den Enkeln
Noch zum Verderb und zur Schmach des Dorfes.
Der hat dem Vater, Glauben verdient's! er selbst
Geknirscht den Nacken, und in dem Schlafgemach
Umhergesprengt bei Nacht des Gastfreunds
Blut; ja mit kolchischem Gift und Zauber
Hat der, und was je Gräßliches dacht' ein Geist,
Gefrevelt, wer dich meinem Gefild' erhob,
Dich argen Stamm, dich, der herabfiel
Aufs unverschuldete Haupt des Herren.
Nie ward, was stündlich meide der Mensch, genau
Ihm ausgerätselt. Bosporusflut durchsteu'rt
Angstvoll der Pöner, nicht ist furchtbar
Anderswoher ihm das blinde Schicksal.
Es zagt des Parthers Pfeilen und schneller Flucht
Der Krieger; Fesseln der und italischer
Obmacht: doch unversehne Tode
Rafften und raffen dahin die Völker.
Wie nahe sahn wir, düstre Proserpina,
Dein Reich, und dich urteilenden Äakus;
Fern abgehegt den Sitz der Frommen,
Und zur äolischen Saite jammernd
Um Landesjungfraun Sappho die Sängerin,
Und dich, Alcäus, voller mit goldenem
Anschlage rauschend Graun der Meerfahrt,
Graun der Verbannung und Graun des Krieges.
Der beiden Wohllaut, heiliger Stille wert,
Entzückt die Schatten, aber berauschter horcht
Auf Schlachten und verstoßne Herrscher
Dürstender Schwarm mit gedrängten Schultern.
Was Wunder? jenem Wonnegesang' erstaunt,

Senkt auch der hunderthäuptige Beller schwarz
Die Ohren; auch den Eumeniden
Laben sich, schlängelnd im Haar, die Nattern.
Ja selbst Prometheus, Pelops Erzeuger selbst,
Verträumt die Qualen über den Zauberton,
Nicht denkt Orion mehr die Löwen
Oder den bebenden Luchs zu jagen.

14. An Postumus

Ach wie im Fluge, Postumus, Postumus,
Entfliehn die Jahre! Frömmigkeit bringet nicht
Den Runzeln, nicht des Alters Andrang
Zögerung, nicht der Gewalt des Todes.
Nein, ob du, Freund, drei Hunderte jeden Tag
Dem thränenlosen Pluto der Farren weihst
Zur Sühnung, der den dreimal großen
Geryon, Tityos auch, im finstern
Gewässer einschränkt: siehe, wo alle wir,
So viel der Erde Nahrungen wir empfahn,
Hinüberschweben, sein wir Herrscher,
Sein wir der ärmlichen Flur Besteller.
Umsonst wird Mavors blutiger Kampf gescheut
Und dumpfer Brandung Strudel des Hadria,
Umsonst im schwülen Herbst entfliehn wir
Bange der Pest, die der Auster anhaucht.
Doch sehn wir pechschwarz irren des säumigen
Cocytus Strömung, und Danaidenbrut
Voll Schmach, zu peinlich langer Arbeit
Sisyphos, Äolos Sohn, verurteilt.
Einst mußt du Erd' und Haus und geliebtes Weib
Verlassen; dann wird unter den Bäumen, die
Du pflanztest, außer Grabcypressen
Keiner dem kurzen Besitzer folgen.
Ein Erbe schwelgt dann, werter des Cäkubers,
Den hundert Riegel kerkerten, und benetzt

Den Marmorgrund mit stolzem Nektar,
Welcher ein priesterlich Mahl beschämet.

15. Auf die Landsitze der Reichen

Bald läßt dem Pflug unmäßiger Königsbau
Kaum wenig Morgen; räumiger ausgedehnt,
Als selbst Lucrinus See, sind ringsum
Teiche zu schaun, und dem öden Ahorn
Entweicht der Ulmbaum. Auch der Violen Flor
Und Myrtenhain' und jeglicher Nasenreiz
Verbreitet Wohlgeruch, wo vormals
Lohnte mit Frucht die Olivenpflanzung.
Auch dichtbelaubtes Lorbeergebüsch verwehrt
Den scharfen Glutstrahl. Nicht war des Romulus,
Nicht so des rauhgelockten Cato
Göttergebot und der Ahnen Richtschnur!
Klein war bei jenen einzelnes Bürgergut,
Doch groß Gemeingut. Keine dem Einzelnen
Mit Ruten ausgemeßne Halle
Steckte Gesäul an des Nordes Kühlung;
Auch nicht ein Rasenfeld der Natur verschmähn
Ließ alte Satzung: ordnend, der Städte Bau,
Durch Volkesaufwand, und der Götter
Tempel mit neuem Gestein zu schmücken.

16. An Grosphus

Ruhe fleht von Himmlischen, wen der Sturmwind
Faßt im Raum ägäischer Flut, wann Luna
Nachtgewölk einhüllt und dem Segler nirgends
Blinket ein Leitstern.
Ruhe fleht, voll kriegrischer Wut, der Thraker,
Ruhe selbst vom Köcher umrauschte Meder,
Grosphus, die nicht käuflich dem Gold' und Purpur,
Noch dem Gestein ist.

Nicht des Reichtums Glanz, noch des hohen Konsuls
Liktor hat heillosen Tumult des Geistes
Je gescheucht, noch Sorgen, die hoch des Prunksaals
Decken umflattern.
Glücklich lebt mit wenigem, wem auf kleinem
Tische glänzt, vom Vater geerbt, das Salzfaß;
Wem nicht Angst noch schnöde Begier den leichten
Schlummer verjaget.
Was mit Macht so vieles im kurzen Leben
Abgezielt? Was suchen wir Land, das andrer
Sonnen Glut anstrahlt? Wer der Heimat abschied,
Floh er sich selbst auch?
Ehrne Schiff' auch steiget hinan die kranke
Leidenschaft; nicht Reitergeschwader läßt sie,
Schnell wie Hirsch' und schnell wie der Ost, der dunkle
Wetter daherjagt.
Fröhlich weil' um Nahes die Seel', und achte
Nicht, was jenseits liegt. Auch das Herbe lächle
Steter Frohsinn mild. In der Welt ist keine
Seligkeit fehllos.
Rühmlich starb frühzeitigen Tod Achilles;
Abgezehrt durch Alter verschwand Tithonus.
Mir sogar kann manches, was dir sie weigert,
Geben die Hora.
Dich umtönt schönwolliger Herden Hundert
Und Gebrüll sikulischer Küh'; es wiehert
Dir der Rennbahn Stute; dich hüllt ein Vließ, das
Afrischen Purpur
Zweimal trank. Mir spendete kleine Felder,
Mir vom Geist hellenischer Mus' ein wenig,
Fester Schicksalsspruch und das arggesinnte
Volk zu verachten.

17. An Mäcenas

Warum mit deiner Klage mein Herz gequält?
Nicht lieb den Göttern ist es, noch mir, daß du
Zuerst, o mein Mäcenas, scheidest,
Du mir erhabene Zierd' und Wohlfahrt!
Ach, meiner Seele Teil du, wenn dich Gewalt
Frühzeitig wegrafft, was soll ich andres hier:
Nicht gleichen Werts, noch überlebend
Ganz wie zuvor? O der Tag soll beid' uns
Hinuntersenken! Nicht mit gefälschtem Eid'
Hab' ich gehuldigt! Eilen wir, eilen wir,
Wann du vorangehn willst, die letzte
Straße bereit im Verein zu wandern!
Mich soll Chimäras feuriger Atem nicht,
Noch (laß ihn aufstehn) Gyges der Hundertarm,
Abtrennen jemals! So geordnet
Hat's die Gerechtigkeit, so die Parzen.
Ob mich die Wagschal', oder der Skorpion
Anschaut mit Schrecknis, jener gewaltigste
Geburtsbegleiter, ob der Steinbock,
Fürst im hesperischen Meergetümmel;
Gleich stimmt uns beiden, ja zur Verwunderung,
Der Stern in Eintracht. Dich hat die Hut des Zeus
Saturnus Grimm entgegenstrahlend,
Mächtig entrafft und dem schnellen Schicksal
Gehemmt die Flügel, als das gedrängte Volk
Frohklatschend dreimal durch die Theater scholl:
Mich traf ein Baumstamm, der den Scheitel
Schmetterte, hob mit der Hand nicht Faunus
Den Schlag erleichternd, er des merkurischen
Geschlechtes Hüter. Opfere deinen Dank
Und bau den angelobten Tempel;
Unser Geschenk ist ein armes Milchlamm.

18. An die Habsucht

Weder Elfenbein durchblinkt
Noch goldnes Prunkgetäfel mir die Wohnung,
Nicht Hymettusbalken ruhn
Auf Säulen, fern am letzten Strand des Afers
Ausgehaun, nicht Attalus
Palast, ein unbekannter Erb', erlangt' ich,
Nicht durch Schutz verpflichtet drehn
Mir edle Frauen fein Lakonenpurpur.
Aber Treu und regen Sinns
Ward milde Ader mir, und selbst mich Armen
Sucht der Reiche. Nichts erfleh'
Ich mehr von Göttern; nicht vom hohen Freund auch
Fordr' ich Überhäufungen,
Genug durch *ein* Sabinergut beseligt.
Schnell verscheucht den Tag der Tag,
Fort wandeln neu zum Untergang die Monde.
Du, dem Tode nah, verdingst
Zu haun noch Marmorblöck' und nicht des Grabmals
Denkend türmst du Häuser auf
Und drängst dem Meere, das an Bajä herrauscht,
Sein Gestade weit hinaus,
Zu knapp an festem Uferland begütert.
Ja, noch rückst du immerfort
Des nächsten Feldes Scheidestein und über
Schutzverwandter Grenze springst
Habsüchtig du: auswandernd trägt der Väter
Heiligtum im Schoß hinweg
Gemahl und Weib, ach, und die armen Kindlein.
Aber nicht gewisser, als
Das vorbestimmte Ziel des Raffers Orkus,
Wird ein Hof den reichen Herrn
Empfahn. Was strebst du weiter? Gleiches Erdreich
Schließt dem armen Mann sich auf,
Und Königskindern. Nicht des Orkus Scherge
Löst' um Gold des listigen

Prometheus Fessel. Jener hält den stolzen
Tantalus und seinen Stamm
Verschlossen; und mit Leichterung dem Armen
Unter hartem Druck zu nahn,
Gerufen oder nicht gerufen, hört er.

19. An den Bacchus

Den Bacchus sah ich fern in der Felsenbucht
Chortänze lehrend; (glaubet, ihr Enkel, glaubt!)
Ihm horchten Nymphen, und der Satyr
Spitzte das Ohr und erhub den Geißfuß.
Euhö! in frischer Angst noch erbebt das Herz,
Und voll von Bacchus stürmischer Seligkeit
Frohlockt es! Euhö! schone, Liber,
Schone, der droht mit dem hehren Thyrsus!
Mir ziemt's, wie rastlos tobt der Thyaden Schwarm,
Wie Wein entsprudelt, und wie in Bächen Milch
Hinströmt, zu singen, auch wie Honig
Aus dem gehöhleten Stamm herabträuft.
Mir ziemt's, der Gattin Herrlichkeit, samt der Kron'
Im Sterngefunkel; auch wie des Pentheus Haus
Zerkrachte durch unsanften Einsturz;
Und wie der Thraker verdarb, Lykurgus.
Du lenkst den Waldstrom, du das Barbarenmeer;
Du, hoch umtaumelnd einsame Klippenhöhn,
Durchzwängst das Haar der Bistoniden
Sondern Betrug mit der Natternfessel.
Du, als des Vaters Reiche der frevelnden
Giganten Aufruhr über die Höh'n erklomm,
Zurück mit Löwenklaun den Rhötus
Schleudertest du, und mit grausem Rachen:
Obschon dem Reihntanz fügsamer und dem Scherz
Und Spiel geachtet, weniger rüstig du
Zum Kampfe schienest, dennoch warst du
Gleich, wie im Frieden, im Sturm der Feldschlacht.
Dich schaute harmlos Cerberus, als Gehörn

Von Gold dir blinkte, sanft mit geregtem Schweif
Anschmeichelnd; und dreizüngig leckend
Küßt' er des Scheidenden Fuß und Schenkel.

20. An Mäcenas

Ein nicht gewohnter Fittig, noch sonder Kraft,
Trägt umgeformt mich durch die geklärten Höhn,
Den Seher; nicht im Erdenstaube
Weil' ich hinfort und zu groß der Scheelsucht
Laß ich die Städte! Nein, ich Entsprossener
Von armen Eltern, nein, den »Geliebter« du
Oft nennst, Mäcenas. nimmer sterb' ich;
Nimmer umschränkt mich der Styx Gewässer.
Schon, schon erhartet rauher am Fuß hinab
Die Haut, und schneeweiß werd' ich gefittiget
Von oben, weich und glatt umsprossen
Flaume die Finger umher und Schultern!
Rasch vor dem dädaläischen Ikarus,
Umschweb' ich dumpfe Bosporusufer schon,
Gätulersyrten schon, ein Vogel,
Und hyperborische Flur mit Wohlklang.
Mich wird der Kolcher, und der des Marsen Furcht
Verhehlt, der Daker kennen, und äußerste
Geloner; mich Iberer kennen,
Und wer den Rhodanus trinkt, vernehmen.
Drum weg vom leeren Grabe mit Nänien,
Mit Trauerred' und ewigem Klaggeschrei,
Hemm' allen Zuruf und entferne
Mir die entbehrliche Pracht des Grabmals!

Drittes Buch

1. Die eitle Größe

Verhaßte Meng' Unheiliger, fern hinweg!
Seid still in Andacht. Lieder, wie nie zuvor
Ertönten, sing' ich Musenpriester
Blühenden Knaben zugleich und Jungfraun.
Der Herrscher, furchtbar eigenem Völkerschwarm,
Obherrscher selbst auch bändiget Jupiter,
Der, durch Gigantensturz verherrlicht,
Alles mit heiligem Wink erschüttert.
Sei, daß ein Mann wo räumiger ordene
Weinbäum' in Äckern, dieser von ältrem Stamm
Absteig' um Ehrenamt zum Marsfeld,
Dieser an Ruhm und erhöht an Sitten
Wetteifre, jenem größere Folgerschar
Anhang': in gleicher Satzung verlost der Zwang
Des Hohen Schicksal und des Niedern;
Alle beweget im Raum die Urne.
Wem schrecklich blinkend auf das verruchte Haupt
Ein Schwert herabhängt, nie wird sikulischer
Festschmaus ihm Wohlgeschmack erkünsteln,
Vogelgesang und Zither ihm nimmer
Den Schlaf zurückziehn. Ruhiger Schlaf verschmäht
Die niedre Wohnung ländlicher Männer nicht
Vornehm und grünumwölbtes Ufer
Oder ein Tempe, umweht vom Westhauch.
Wer, was genug ist, dieses allein verlangt,
Den störet niemals tobender Meertumult,
Niemals, wann ungestüm Arkturus
Sinkt mit Orkan, und sich hebt das Böcklein;
Auch nie der Weinhöhn schmetternder Hagelschlag,
Und Trug des Feldes, wo den Erguß der Baum
Nun schuldigt, nun den Landversenger
Sirius, nun den gestrengen Winter.

Geengt erkennen Fische die Meeresflut
Von eingeworfen Dämmungen. Weit umschart
Senkt Felsenblöck’ hinab der Werkmann
Samt dem Gesind’, und der stolze Eigner,
Das Land beekelnd. Aber die Furcht und Angst
Steigt nach, wohin der Eigener. Nimmer weicht
Vom ehrnen Orlogsschiff, es sitzet
Hinter dem Reiter auch schwarz die Sorge.
Wenn kranken Sinn nicht phrygischer Marmor denn,
Nicht mehr als sternhell schimmernder Purpure
Gebrauch besänftigt, noch Falerner-
Reb’, und Achämenes edles Kostum;
Warum beneidenswürdige Pfosten mir
Und stolz in neuem Prunke den Saal erhöhn?
Warum für mein Sabinerthälchen
Lästigern Goldesbesitz ertauschen?

2. Römerzucht

Armut und Mangel lerne bestehn mit Lust,
Durch scharfe Kriegszucht stark und gekräftiget,
Der Jüngling, und mutvolle Parther
Tumml’ er mit schrecklichem Speer im Roßkampf.
Bedeckt vom Himmel weil’ er, in Fährlichkeit
Furchtlos. Sobald aus feindlichem Mauerturm
Des streitbarn Machtgebieters Gattin
Jenen erblickt, und die reife Jungfrau:
Ach! seufz’ ihr Mund, daß, Neuling im Treffen, nicht
Der königliche Bräutigam reize den
Schwer angerührten Leun, den fortschnellt
Blutiger Zorn durch der Schlacht Getümmel!
Süß ist’s und ruhmvoll sterben fürs Vaterland,
Der Tod ereilet flüchtige Männer auch
Und schonet nicht wehrloser Jugend
Bebendes Knie und verzagten Rücken.
Die Tugend kennt nicht Würdenverweigerung
In eigner Ehren stets ungefleckter Glanz;

Nicht nimmt sie oder legt die Beile
Unter des luftigen Volks Entscheidung.
Die Tugend, die Unwerten der Sterblichkeit
Den Himmel aufschleußt, geht ungewagte Bahn;
Verachtend flieht sie Volksgetös' und
Dunstige Grund' auf gehobnem Fittig.
Auch sicher bleibet treuer Verschwiegenheit
Ihr Lohn. O nie soll, wer die Geheimnisse
Der Ceres ausstreut, unter *einem*
Dache mir sein, noch im schwachen Schifflein
Dem Strand' entwanken. Oft hat Diespiter
Ruchlosen Sündern Redliche zugesellt;
Nicht leicht des Frevlers Schritt verlassend,
Folget mit hinkendem Fuß die Strafe.

3. Des Mannes wahre Größe

Wer, Gutes wollend, männlich beharrt im Sinn,
Kein Bürgeraufruhr Böses verlangender,
Kein grimmes Drohn im Herrscherantlitz
Rückt ihm den felsigen Mut, noch Auster,
Des Macht die Abgründ' Hadrias wild empört,
Noch Zeus des donnerstrahlenden großer Arm;
Zerschellte hoch des Äthers Wölbung,
Schreckenlos steht er, umkracht von Trümmern.
Durch solchen Geist hat Pollux und Herkules,
Der Erdumwandrer, Ätherpaläst' erstrebt,
Zu welchen hingelehnt Augustus
Nektar mit purpurnen Lippen trinket.
Durch solchen würdig, Vater Lyäus, bogst
Du deiner Tiger sträubende Häls' ins Joch
Zur großen Fahrt; so floh Quirinus
Acherons Pfuhl mit den Rossen Mavors,
Nachdem im Ratkreis froher Olympier
Dies Juno aussprach: Ilios, Ilios
Hat jener schicksalvolle Richter,
Buhlerischfrech, und das Weib des Auslands

In Staub gewandelt; die, da Laomedon
Bedungnen Lohnes täuschte die Ewigen,
Mir und der keuschen Pallas Abscheu
Ward mit dem trügenden Volk und König.
Nicht mehr, o Spartas Buhlerin, glänzet dein
Schmachvoller Gast; nicht hemmet des Priamus
Meineidig Haus annoch Achajas
Streitbare Macht mit dem Arme Hektors.
Der Krieg, den Götterspaltungen dehneten,
Hat ausgetobet. Werde hinfort des Zorns
Unmut zugleich, und, welchen Trojas
Priesterin trug, der verhaßte Enkel,
Geschenkt dem Mavors. Wandele jener nun
Zur lichten Wohnung, koste den Nektarsaft
Und ruh', ich duld' es, mitgezählt
Unter der wonnigen Schar der Götter.
Weil langer Meerflut Brandungen Ilios
Von Roma trennen, sein die Verbannten sonst
Ringsum in Herrschermacht beseligt;
Weil noch auf Priamos Grab' und Paris
Das Rind einhertrabt, und ungestraft das Wild
Die Säugling' einhüllt, stehe das Kapitol
Glanzreich, und Roma, stolz der Obmacht,
Gebe Gesetz dem bezwungnen Meder!
Weithin in Ehrfurcht werde gehört ihr Nam'
Am fernsten Erdrand: dort wo die Mittelflut
Europa trennt vom Afer, dort wo
Nilus im Schwall die Gefilde wässert:
Wann ungegrabnes Gold, das am besten liegt
Im tiefsten Erdschacht, tapferer sie verschmäht,
Als schnödem Brauch der Menschen frech mit
Alles entweihender Hand hervorzwingt.
Wo je des Weltrunds Grenzen ihr widerstehn,
Sie komm' und siege, froh den Bezirk zu schaun,
Den ungezähmte Glut, den kalter
Nebel durchtobt und des Thaus Getröpfel.
Doch so bedingt sei Romulus tapfrem Volk
Dies Los geweissagt, daß sie der Ahnen nicht

Zu eingedenk voll Selbstvertrauens
Wieder erbaun die zerstörte Troja.
Verjüngt sich Troja, schnell mit entsetzlicher
Vorschau der Vögel kehret Verderb und Graus;
Selbst führ' ich dann die Siegerscharen,
Ich, die Gemahlin des Zeus und Schwester!
Ob dreimal aufsteig' eherner Mauern Trotz
Durch Kraft des Phöbus; dreimal zertrümmere
Sie mein Argeer, dreimal klage
Kinder und Mann die gefangne Gattin!
Nicht solches ziemet scherzendem Saitenspiel.
Was, Muse, sinnst du? End', o vermessene,
Zu reden, was vor Göttern tönt', und
Großes in kleinem Gesang zu schmälern.

4. An Calliope

Steig' hoch vom Himmel und mit der Flöt' ertön'
Ein großes Lied mir, hehre Calliope!
Ob lieber nun mit heller Stimme,
Ob mit der Sait' und Zither Apollos.
Hört ihr es? oder täuscht mich entzückender
Wahnsinn? Zu hören glaub' ich in seligen
Lusthainen irrend, wo mit Anmut
Säuselnde Flut sich ergeußt und Kühlung.
Mich, auf dem Voltur meiner Apulia,
Da fern der Heimat Schwellen ich niedersank,
Vom Spiele matt und Schlummer, schützten
Tauben, berühmt im Gesang, den Knaben,
Mit jungem Hainlaub; allen ein Wunder, die
Den hohen Klippenhorst Acherontia,
Bantiner-Waldhöhn und die fetten
Äcker bewohnen im Thal Ferentums:
Daß unverletzbar dunkelen Nattern ich
Einschlief' und Bären, daß ich in hüllendem
Festlorbeer ruht' und Myrtenreisig,
Nicht ohne Gott, ein beherztes Knäblein.

Euch wert, ihr Musen, tret' ich die luftigen
Sabinergipfel; euch, ob das kühlende
Präneste mir, ob Tiburs Abhang,
Ob mir die Heitre gefiel um Bajä.
Mich eurer Born' und Chöre Geweiheten
Hat nicht Philippi durch die gewandte Schlacht,
Nicht ausgetilgt der Baum des Unheils,
Noch Palinurus im Schwall des Sundes.
Wenn mich zu leiten ihr nur erscheint, o gern
Im Schiff den graunvoll tobenden Bosporos
Verfluch' ich und durchglühte Sande
Längs dem Assyrergestad', ein Wandrer;
Britanner schau' ich, welchen der Fremdling bebt,
Und, der in Roßblut schwelget, den Konkaner;
Auch selbst Gelonenschwärm' in Köchern
Schau' ich und Scythias Strom gefahrlos.
Ihr schafft dem Cäsar, wann der Erhabene
Vom Streit erschöpfte Krieger in Städten barg,
Und Ende sucht mühsamer Arbeit,
Unter pierischer Grott' Equickung.
Ihr ratet mild ihm, und der gegebne Rat,
Ihr Guten, freut euch. So hat der frevelnden
Titanen ungeheure Heerschar
Er mit dem fallenden Strahl zerdonnert:
Der träges Erdreich, der das empörte Meer
Und Städte mäßigt und den Bezirk des Grauns
Und Götter und Gewühl der Menschen
Lenkt er allein mit gerechter Obmacht.
Nicht wenig Schrecken hatten erregt dem Zeus
Mit grausem Arm hochtrotzende Jünglinge
Und Brüder, angestrengt zu wälzen
Pelion auf des Olympus Waldhöhn.
Doch was vermag wohl Typhon und Mimas Kraft,
Was wohl in drohnder Stellung Porphyrion,
Was Rhötus, und ob Stämm' entwurzelnd
Selber Enceladus kühn emporschnellt,
Was wider Pallas tönende Ägis all'
Anstürmend? Hier stand, feuriger Tapferkeit,

Vulkanus, hier die Herrin Juno,
Und, mit Geschossen umrauscht die Schultern,
Der loses Haupthaar spült in Kastalias
Thauhellem Sprudel, der auch in Lycia
Luftwaldung heget und Geburtshain,
Delos und Pataras Hort, Apollo.
Kraft ohne Klugheit stürzet durch eigne Last:
Kraft, die sich mäßigt, schwingen die Götter auch
Zum Größern; doch sie hassen Kräfte,
Die nach Verbrechen nur stehn und Gräul.
Zeug' ist der hundertarmige Gyges mir
Des wahren Ausspruchs, und, der die lautere
Diana schnöd' nachstellt', Orion,
Schnell von dem Pfeile gezähmt der Jungfrau.
Ihr eignes Scheusal lastet die Erd' in Gram,
Um Söhne trauernd, welche der Donner schlug
Zum fahlen Orkus; nie zermalmet
Raffende Glut das Gewicht des Ätna;
Des Schamentweihers Tityos Leber nicht
Verläßt der Vogel, ewig der Missethat
Zur Hut gestellt; dreihundert Ketten
Halten Pirithous fest, den Buhler.

5. Regulus

Im Himmel herrsche, glaubten wir, Jupiter
Der Blitzeschleud'rer. Waltender Erdengott
Sei uns Augustus, der Britanner
Fügte zum Reich und die bösen Perser.
Wie? Crassus Streiter lebte der Barbarin
Schmachvoller Eh'mann? Unter Verschwägerten
(O Curia! o Aftersitten!)
Ward er ein Greis in des Feindes Feldern?
Dem Meder fröhnend, Marser und Appuler,
Konnt' er vergessen Namen und Römerkleid,
Den heil'gen Schild, dich, ew'ge Vesta,
Während noch Jupiter stand und Roma?

Dem wehrte sorgsam Regulus heller Geist,
Einstimmung weigernd schnöden Bedingungen
Und jenem Beispiel, welches Unheil
Zog und Verderb in die Folgezeiten,
Wenn nicht dahinstarb ohne Erbarmen die
Gefangne Jugend. – Adler an punischen
Prachttempeln aufgehängt, und Waffen
Redet' er, ohne Gefecht den Streitern
Entrissen sah ich, sah in der Fessel Zwang
Der freien Bürger Arme zurückgedreht,
Weitoffne Thor' und Feld von unserm
Krieger gebaut, das er jüngst verödet.
Durch Gold erhandelt, wird man zur Fahne, traun,
Herzhafter kehren! Ha, zu der Schande fügt
Ihr Schaden! Niemals trägt verlorne
Farbe das Vließ, das geschminkt der Kessel:
So wahre Tugend, ward sie gefälscht einmal,
Nie sucht sie Heimkehr zu den Entarteten.
Ja kämpft die Hindin, aus verschlungnem
Garne gewirrt, so erscheint auch tapfer,
Wer sich dem treulos schlängelnden Feind' ergab:
So malmt er künftig Pöner mit Mavorsmut,
Wer Riemen um verschränkte Knöchel
Feige gefühlt und den Tod gefürchtet,
Dorther, wo Leben besser zu nehmen war,
Und Fried' in Fehd' unzeitig gemengt! O Schmach!
O Heldenstadt Karthago, höher
Du durch Italias schnöden Hinsturz! –
Man sagt, der keuschen Ehegenossin Kuß
Und kleine Kinder hab' er, wie freiheitslos,
Von sich entfernt und düstren Auges
Niedergesenkt das entschlossne Antlitz,
Bis er der Väter schwankende Meinungen
Durch Rat gekräftigt, welchen noch keiner gab,
Und unter tiefbetrübten Freunden
Rasch er enteilt', ein erhabner Flüchtling.
Und dennoch wußt' er, was ihm der Peiniger
Des Barbarlandes rüstete; aber er

Trennt' anders nicht den Drang der Sippschaft,
Und, das den Scheidenden hielt, des Volkes:
Als ob er, Anwalt langer Entscheidungen,
Nach ausgeglichnem Handel vom Markt hinaus
In Venafranerfluren strebte,
Oder zum Spartergebiet Tarentum.

6. Sittenverderb

Schuldlos, was Väter frevelten, büßest du,
O Römer, bis du wieder die Tempel baust,
Vom Fall der Götter Wohnung hebend
Und aus entstellendem Rauch ihr Bildnis.
Vor Göttern dich demütigend, herrschest du.
Dorther den Anfang, dort dir das End' ersehn!
Zahllos verliehn entehrte Götter
Ach, der hesperischen Flur das Elend!
Schon zweimal hat Monäses und Pakorus
Uns ungesegnet stürmenden Heereszug
Zermalmt, und sieht vermehrt durch Beute
Winziger Ketten Geschmuck mit Lächeln.
Fast hat, da Aufruhr unsere Stadt befing,
Sie ausgetilget Daker und Äthiop;
Der ein' an Seemacht schrecklich, jener
Mehr mit Geschossen geübt des Bogens.
Fruchtbar an Lasten. häufte die Zeit auf Eh'n
Zuerst Befleckung und auf Geschlecht und Haus.
Von solchem Urquell abgeleitet,
Strömte dem Land und dem Volk Verderben.
Froh lernt Bewegung weicher Ionier
Kaum reif die Jungfrau, bildet sich jeder Kunst
Nun gleich, und unehrbare Liebschaft
Denkt sie vom zartesten Wiegenalter.
Bald sucht sie schamlos jüngere Buhlen sich,
Weil zecht der Eh'mann; wählet auch nicht einmal,
Wem unerlaubte Lust sie hastig
Schenk' insgeheim, nach gelöschter Fackel;

Sichtbar gefordert, selber mit Vorbewußt
Des Manns, ersteht sie; ob ein hispanischer
Seemann, ob ruf' ein Handlungsführer,
Hoch die bedungene Schmach erkaufend.
Nicht solchen Eltern sproßte die Jugend auf,
Die weit den Meerraum färbte mit Pönerblut,
Die Pyrrhus und den großen Syrer
Schlug, und den Hannibal schlug, den Schrecken!
Nein, streitgewohnter Ackerer Zucht erwuchs
Mannschaft, die kundig mit dem Sabellerkarst
Erdschollen umwühlt' und auf strenger
Mütter Gebot die im Forst gehaunen
Holzstämme heimtrug: wann den Gebirgen Sol
Die Schatten ausdehnt' und dem ermatteten
Pflugstier das Joch abnahm, die holde
Stund' auf dem scheidenden Wagen führend.
Was untergrub nicht raffender Zeiten Sturz?
Der Väter Stamm, ausartend von Ahnen, trug
Uns Lasterhaftern, bald erwächst uns
Aftergeschlecht in verschlimmerter Bosheit.

7. An Asterie

Wein', Asterie, nicht, denn in geklärter Luft
Dir zurück mit dem Lenz führet Favonius,
Reich an thynischer Ware,
Deinen Jüngling, bewährt in Treu,
Gyges. Er, den der Süd wogte gen Orikum,
Als der Ziege Gestirn rasete, schmachtet dort
Mit nicht mäßigen Thränen
Schlaflos frostige Nächte hin.
Zwar der schmachtenden Gastfreundin Gesendeter
Sagt, es seufze geheim Chloe, von deiner Glut
Ganz entbrannt, und versucht ihn,
Tansendfältiger Listen reich.
Wie einst Prötus des Weibs falscher Beschuldigung
Lieh sein gläubiges Ohr, wie er bethört dem zu

Keuschen Bellerophontes
Mord beschleunigte, meldet er;
Auch wie Peleus beinah starb durch Hippolyte,
Als er stets unerweicht floh die Magneserin;
Jede Mär, die zum Abweg
Leitet, raunt ihm der Schalk: umsonst!
Tauber hört er die Red', wie ein ikarischer
Fels, und redlich bisher bleibet er. Aber du,
Daß dein Nachbar Enipeus
Ja nicht allzu beliebt dir sei!
Wenn kein anderer auch über den Mavorskamp
So von allen umstaunt tummelt das Roß mit Kunst,
Und nicht einer so rüstig
Abwärts schwimmet den Tuskerstrom:
Gleich bei dämmernder Nacht schließe das Haus und nicht,
Wann die Tibie girrt, schaue zur Gass' hinab;
Ja, und nenn' er dich oftmals
Grausam, härte den Sinn und bleib!

8. An Mäcenas

Was ich eh'los treib' an den Marskalenden,
Was die Blüt' hier, staunest du, was die Pfanne
Voll des Weihrauchs soll und gelegte Glut auf
Lebendem Rasen,
Du, der sinnreich beiderlei Zung' erforscht hat;
Süßen Festschmaus hatt' ich gelobt dem Liber,
Und den Bock schneeweiß, da mich fast zum Leichnam
Malmte der Baumsturz.
Dieser Tag, ein Fest mit des Jahres Umkehr
Soll den Kork samt bindendem Pech entheben
Einem Krug, der trinken den Rauch gelernet
Unter dem Tullus.
Nimm, Mäcenas, nimm für des Freundes Wohlfahrt
Hundertmal dein Nippchen und halt' die Leuchter
Wach zum Sonnenaufgang; dir entfernt sei aller
Hader und Aufruhr.

Ruhen laß für Bürger und Stadt die Obhut.
Nieder sank ja Cotisons Heer des Dakers;
Auch der Meder feindlich sich selbst, erhebt die
Waffen der Zwietracht;
Unser Erbfeind Cautaber, spät gebändigt,
Trägt der Knechtschaft Kett' am Hispanenufer;
Schon der Scyth' auch sinnt, das Geschoß entspannend,
Flucht durch die Steppen.
Unbesorgt, wo etwa das Volk in Not sei,
Laß, des Amts entledigt, die bange Vorsicht,
Was die Stund' anbietet, empfah mit Freud' und
Lege den Ernst ab.

9. An Lydia

Wechselgesang

Horaz

Als ich noch dein Geliebter hieß,
Und willkommener nicht einer der Jünglinge
Deinen Lilienhals umschlang:
Selbst vor Persias Schach blüht' ich an Seligkeit.

Lydia

Als kein anderes Mädchen du
Heißer liebtest und nicht Lydia Chloën wich.
War der Lydia Name groß,
Vor Roms Ilia selbst blüht' ich verherrlichet.

Horaz

Nun herrscht Chloë die Thracerin,
Kundig süßer Gesäng' und des Guitarrenklangs;
Ja, nicht scheu' ich den Tod für sie,
Schonte nur das Geschick länger das teure Herz.

Lydia

Nun entflammt mir der Thurier,
Jenes Ornytus Sohn, Calaïs, Gegenhuld;
Zweimal duld' ich den Tod für ihn,
Schonte nur das Geschick länger den Jüngling mir.

Horaz

Was? wenn Venus von neuem kehrt
Und in ehernes Joch uns, die getrennten, fügt?
Wenn die lockige Chloë weicht,
Und mein Pförtchen, wie sonst, Lydien offen steht?

Lydia

Sei auch schöner wie Sternenglanz
Er, du leichter denn Kork, und ungebändigter,
Als des Hadria wilde Flut,
Mit dir leb' ich vergnügt, sterben mit dir sei Lust!

10. Ständchen

Tränkst du, Lyce, den fern strömenden Tanaïs,
Einem Wilden vermählt, dennoch beweintest du
Mich an grausamer Thür liegenden, ausgesetzt
Dem dort hausenden Nordorkan!
Hörst du, welch ein Gekrach rüttelt die Pfort' und welch
Sturmgetös' in des Hofs prächtig umbautem Hain
Aufbrüllt, und wie zu Eis liegender Schnee erharscht
Durch hellfrierenden Jupiter?
Ihn, den Paphia haßt, lege den Übermut,
Leicht entzieht mit zurücklaufendem Rad das Seil,
Nicht den Freiern zur Qual, eine Penelope,
Schuf dein tuskischer Vater dich!
O wenn weder dein Herz Ehrengeschenk noch Flehn,
Noch die gelbe Violblässe der Liebenden,

Noch dein Mann, von der Tonkünstlerin Reize wund,
Beuget, gieb doch den Jammernden
Gnad', Unsanfte, wie kaum starret die Eich' im Forst!
Du hartherziger, als maurische Natternbrut!
Nicht wird ewig hinfort dulden der Schwelle Druck
Noch den Wolkenerguß der Leib!

11. Lyde

Majas Sohn, denn deinem Beruf gelehrig,
Hat Gestein' Amphion bewegt mit Wohllaut;
Und o du, schildpattene Laut', in sieben
Saiten erklingend;
Nicht vordem tonkundig und hold, anjetzo
Reichem Gastmahl wert und den Göttertempeln:
Sprich Getön, dem Lyde das Ohr gesänftigt,
Neige vom Starrsinn.
Welche, gleich dreijährigen Weidefüllen,
Leichten Muts aufhüpft und Berührung scheuet,
Fremd der Hochzeitlust und dem ungestümen
Manne noch spröde.
Tiger selbst machtvoll und Geleit der Wälder
Ziehst du nach und säumest im Fall den Sturzbach;
Ja es wich, liebkosende, dir des Orkus
Grausiger Pförtner
Cerberus, obwohl ihm mit hundert Nattern
Rege wallt sein Furienhaupt und gräßlich
Seiner Schlünd' Anhauch und des Dreigezüngels
Geifer hervorrinnt.
Selbst Ixion, Tityos selbst verzerrte
Sein Gesicht zum Lächeln; versiegt ein wenig
Stand die Urn', als Zaubergesang du halltest
Danaus Töchtern.
Hören soll mir Lyde die Qual der Jungfraun,
Ihrer Unthat Rache, wie leer der Strömung
Stets ihr Faß abrieselt mit leckem Boden,
Und das Verhängnis,

Welches spät noch harret der Schuld im Orkus.
Ha des Greuls! (was konnten sie mehr doch freveln?)
Ha des Greuls! ruchlos in verlobte Herzen
Senkten sie Mordstahl!
Eine nur aus vielen, der Ehefackel
Würdig, o meineidiger Vater, ward dir
Täuscherin voll Glanz, und in Welt und Nachwelt
Strahlte die Jungfrau.
Auf! begann ihr Mund zum vermählten Jüngling,
Auf! damit nicht dauernder Schlaf, woher du
Nichts befahrst, dich treffe! den Grimm des Schwähers
Fleuch und der Schwestern,
Welche, ach! wie Löwinnen zarte Kälber,
Mann vor Mann abwürgen! doch ich, die sanfter
Denkt, will nicht dir geben den Tod noch fest dich
Halten im Kerker.
Laste mich mein Vater mit grausen Ketten,
Weil ich mitleidsvoll den Gemahl verschonet;
Trage mich sein Schiff zu den weitentlegnen
Numideräckern!
Geh, wohin dein Fuß dich entrafft und Fahrwind,
Nun die Nacht und Venus dir winkt! mit Göttern
Geh und schneid' andenkend in unser Grabmal
Worte der Wehmut!

12. Neobule

O wie elend ist ein Mägdlein, das dem Amor sich entziehn muß
Und der Labung des Lyäus, da mit Strafred' und Ermahnung
Sie der Oheim so in Angst hält.
Dir geraubt wird ja der Nähkorb von dem Wildfang Cythereas,
Dir das Webschiff und die Arbeit der Minerva, Neobule,
Von dem schönen Lipareer;
Wenn gesalbt er um die Schultern in den Tiber sich hinabtaucht;
Er zu Roß flink wie der Held Bellerophontes, und im Faustkampf
Und im Wettlauf unbezwingbar!

Der behend' auch, wo ein Hirschtrupp in Gewühl stäubt durch das
    Blachfeld,
Mit dem Jagdspieß ihn dahinstreckt und ein Bergschwein aus dem
    Dickicht
In dem Anstand zu empfahn weiß!

13. An den Felsenquell Bandusia

O Bandusiaquell, glänzender als Krystall,
Wert balsamischen Weins unter dem Blumenkranz:
Dir wird morgen ein Böcklein,
Dem die Stirne von Hörnchen keimt,
Und schon bräutliche Lust, tapfere Kämpfe schon
Vorbestimmet; umsonst! Färben mit rotem Blut
Soll die kühlenden Bäche
Dir der üppigen Herde Sproß.
Dich weiß Siriusglut, ob sie in Flammen tobt
Nicht zu treffen; du hauchst labende Frischungen
Hold dem lässigen Pflugstier,
Hold dem schweifenden Wollenvieh.
Auch du mehrest hinfort edeler Quellen Zahl,
Denn ich singe die Steineiche der Felsenkluft,
Wo aus hoher Umschattung
Dein geschwätziger Sprudel springt.

14. Auf Augustus' Heimkehr aus Spanien

Der, o Volk, gleich Herkules jüngst, dem Ruf nach,
Sich mit Tod' auslösbaren Lorbeer suchte,
Cäsar, aus hispanischem Land ein Sieger,
Grüßt die Penaten.
Sie, des Unvergleichlichen frohe Gattin
Trete vor, nach schuldig gebrachtem Opfer,
Auch des Feldherrn Schwester, und, festlich in de-
mütigem Schleier,
Sie der Jungfraun Mütter, und neuerhaltner

Jünglingsschar. Ihr Knaben und ihr, o Mägdlein,
Schon des Eh'manns kundig, erwehrt euch übel
Deutender Worte!
Dieser Tag soll redlich gefei'rt mir alle
Düstre Sorg' austilgen. Mich schreckt nicht Aufruhr,
Noch gewaltsam raffender Tod, da Cäsar
Lenket den Erdkreis.
Geh, mir Salbe, Knabe, geholt, auch Kränz' und
Einen Krug, der marsische Fehd' hinaufdenkt;
Wenn vielleicht vor Spartacus' wildem Schwarme
Sich ein Geschirr barg.
Auch des Wohllauts Freundin Neära, sag' ihr's,
Binde rasch ihr gesalbtes Haar in Knoten.
Wenn Verzug dir wird vom verhaßten Pförtner,
Eile von dannen.
Sanfter stimmt abbleichendes Haar den Mut mir,
Der Gezänk sonst liebt und empörten Hader;
Nicht so etwas trüg' ich, entflammt von Jugend,
Unter dem Plancus.

15. An Chloris

Weib des darbenden Ibykus,
Deiner Üppigkeit doch endlich ein Ziel gestellt
Und verrufener Buhlerkunst.
Reif der harrenden Bahr', endige doch dein Spiel
Im jungfräulichen Reigentanz,
O dem klaren Gestirn dunkelnder Nebel du!
Nicht was Pholoë wohl geziemet,
Ist dir, Chloris, gemäß. Besser erobert nun
Jünglingshäuser das Töchterlein,
Gleich der wilden Thyad' hüpfend im Trommelhall,
Sie, für Nothus in Lieb' entbrannt,
Hebt dem lüsternen Reh ähnlich den Sprung im Tanz.
Dir ziemt Wolle, die weltberühmt
Dir Luceria schor, nicht der Guitarren Klang,

Noch ein purpurner Rosenschmuck,
Noch geleerete Krüg', Alte, zur Hef' hinab.

16. An Mäcenas

Jener Danaë Reiz hatte der ehrne Turm,
Starker Pforten Verschloß, und ungesänftigter
Doggen wachsame Hut, sicher genug verwahrt
Vor der Lieblinge Nachtbesuch;
Wenn, Akrisius, nicht, ängstlicher Kerkerer
Deines Töchterchens du, Venus und Jupiter
Dein gelacht: denn es würd' offen die Bahn und frei,
Hüllt' ein Gott sich in baren Wert.
Gradhin wandelt das Gold durch die Trabantenwacht
Und durchschmettert sogar Felsen, gewaltiger
Als hochdonnernder Schlag: nieder in Schutt versank
Dir, Argeerprophet, das Haus,
Vom Kleinode gestürzt. Vesten entriegelte
Macedonias Held, eifernden Königen
Bracht' er Fall durch Geschenk In der Geschenke Garn
Wird der trotzige Segler mild.
Zum anwachsenden Geld' eilet die Sorg' heran
Und Heißhunger noch mehr. Billig erschaudert ich,
Weit anstaunendem Blick' auch zu erhöhn das Haupt,
O Mäcenas, der Ritter Schmuck.
Wie viel mehreres sich jeder versagt, so viel
Giebt ihm mehreres Gott. Flüchtling entwandr' ich zum
Nichts verlangenden Heer, nackend, und jenen Bund
Reichtum suchender lass' ich gern:
Ehrenvollerer Herr meines verschmähten Guts,
Als ob, was auch der Pflug emsiger Appuler
Schafft, in meines Gehöfs Scheunen ich sammelte,
Hochgesegnet und segenslos.
Mein hellrinnender Bach und das Gehölz umher,
Schmal begrenzt, und die treu zinsende Ackerflur,
Ist, Oberherrscher der fruchtschwangeren Afrika,
Als ein reicheres Los, dir fremd.

Wenn auch Honig mir nicht Kalaberbienen baun,
Und kein bacchischer Most firnet im altenden
Lästrygonierkrng, noch in den gallischen
Au'n mir köstliches Vließ erwächst;
Dennoch bleibt mir stets drückende Armut fern,
Auch nicht weigertest du mehreres meinem Wunsch.
Besser, weil die Begier klein sich zusammenschmiegt.
Dehn' ich mäßiger Hab' Ertrag,
Als wenn Mygdonerland' an Alyattes Reich
Ich mir einen gefügt. Vieles begehrenden
Mangelt vieles. Wohl dem, wem, was genügen mag,
Gab mit sparsamer Hand ein Gott!

17. An Älius Lamia

Des Lamus Sprößling edeler Älius,
(Dieweil der Vorwelt Lamier, meldet man
Dorther benannt sind, und der Enkel
Sämtliche Folg' in der Zeiten Tafeln
Von jenem Ahnherrn leitet das Urgeschlecht,
Der einst die wehrhaft trotzende Formiä
Als Gründer, sagt man. und Maricas
Strand' an des Liris Erguß behauptet
Weitum ein Hochfürst!) Morgen betreut den Wald
Mit vielen Blättern, und die Gestade mit
Unnützem Meergras, Sturm des Eurus,
Krächzt die bejahrtere Kräh' und truglos
Sintflut vom Himmel. Stapele, weil du kannst
Dir trockne Scheiter; morgen erquick' am Wein
Dein Herz und am Zweimonatsferkel
Samt dem Gesinde, das fei'rt von Arbeit.

18. An Faunus

Faunus, du, der flüchtigen Nymphen hold ist,
Durch die Feldmark mir und die Sonnenäcker
Wolle sanft hinwandeln und hold den kleinen
Zöglingen abziehn;
Wenn am Jahrfest blutet ein zartes Böcklein,
Und der Mischkrug dir, ein Genoß der Venus,
Reichen Weins nicht darbt, und des Moosaltares
Vieler Geruch dampft!
Alles Vieh frohlockt in dem grünen Anger,
Wenn geehrt dir sind die Decembernonen;
Müßig fei'rt durch Wiesen das Dorf, und müßig
Weidet der Pflugstier.
Ohne Furcht sehn Lämmer den Wolf gesellet;
Ehrend streut dir ländliches Laub die Waldung;
Fröhlich stampft Erdreich, das ihn quält, der Winzer,
Hüpfend im Dreischlag.

19. An Telephus

Wie viel Raum von dem Inachus
Kodrus trenne, der kühn starb für das Vaterland,
Auch von Äakus meldest du
Und von Kämpfen, um Tros heilige Burg gekämpft.
Welcher Wert uns ein Chierfaß
Eintausch', und wer mit Glut Wasser uns mäßige,
In wes Haus' und zu welcher Stund'
Ich pelignischen Frost bändige, schweigest du.
Eingeschenkt für den neuen Mond,
Eingeschenkt für die Nacht! Knabe, mir eingeschenkt
Für den Augur Muräna rasch!
Drei der Nippchen, auch neun, schöpft man bequem zum Trunk
Wer die neun Pieriden liebt,
Dreimal drei im Pokal nimmt der begeisterte
Seher. Drei nur vergönnt, nicht mehr,

Anzurühren, vor Zank bange, die Grazie,
Hold im nackenden Schwesterreihn.
Wild zu schwärmen behagt. Was, berecyntische
Feiertibie, säumt dein Hauch?
Was doch hängt die Syring' und die Guitarre stumm?
Ha die lässigen Händ' am Fest
Hass' ich! Rosen gestreut! Höre den rasenden
Lärm der neidische Lykus dort,
Und die Nachbarin, nicht Lykus dem Greis gemäß!
Dich, den glänzendes Haar umwallt,
Dich, dem Hesperus gleich strahlender Telephus,
Wählt sich Rhode, die bräutlich blüht;
Ich, in dauernder Glut, brenne für Glycera!

20. An Pyrrhus

Schaust du nicht, mit welcher Gefahr, o Pyrrhus,
Du die Brut anrührst der Gätulerlöwin?
Bald hernach wirst schrecklichen Kampf du zaghaft
Fliehen, o Räuber;
Wann sie durch vorstehende Jünglingsscharen
Dringt, den anmutsvollen Nearchus heischend.
Harter Streit, ob dir sich erbiet', ob jener,
Beute des Sieges!
Unterdes, weil du die geschwinden Pfeile
Holst, und sie androhende Zähne wetzet,
Hat des Wettkampfs Richter gestellt den bloßen
Fuß auf die Palme,
Saget man, und frisch in gelindem Anwehn
Sich, von Balsamlocken umwallt, die Schulter:
Schön wie Nireus und, der vom sprudelreichen
Ida geraubt ward.

21. An seinen Weinkrug

Mein Mitgeborner unter dem Manlius,
Ob Scherz du führest, oder ob Grämlichkeit,
Ob Zank, und tolle Lust der Lieb', ob
Freundlichen Schlaf, o du frommer Weinkrug,
Von welcher Laun' auch Massiker du bewahrst
Du wert, an gutem Tage geholt zu sein.
Steig nieder, denn Corvinus mahnet,
Mildere Weine hervorzulangen.
Nicht wird, wie sehr sein Mund von Sokratischen
Gesprächen triefet, jener dich rauh verschmähn.
Oft, sagt man, ward dem alten Cato
Wärmer in lautrem Wein die Tugend.
Du zwingst den mehrmal störrischen Genius
Mit sanfter Folter; ja du entfaltest auch
Der Weisen Tiefsinn und Geheimnis
Offen dem scherzenden Geist des Bacchus.
Du machst durch Hoffnung ängstliche Seelen stark
Und leihst des Mutes Hörner dem Darbenden,
Der nicht den Zorn des Kronenträgers
Scheuet mit dir, noch der Söldner Rüstung.
Dich soll Lyäus, und, wenn sie froh erscheint,
Dich Venus, und untrennbare Grazien,
Und wacher Kerzenschein verlängern,
Bis die Gestirne verscheucht der Aufgang.

22. An Diana

Hoher Berg' Obhut und der Hain, o Jungfrau:
Die Geburtsangst leidende Frauen, dreimal
Angefleht, anhört, und dem Tod entnimmt, drei-
förmige Göttin!
Schau, des Landhofs Pinie ragt geweiht dir;
Daß am Jahrtagsfest sie von mir dem Frohen

Mit des seitwärts drohenden jährigen Ebers
Blute begabt sei.

23. An Phidyle

Wenn du gen Himmel flehende Hand' erhebst,
Bei jungem Mondlicht, ländliche Phidyle,
Wenn du die Laren sühnst mit Weihrauch,
Heurige Frucht, dem Blut des Ferkels,
Nicht fühlt den pestanhauchenden Afrikus
Der schwangre Weinstock, oder verödenden
Melthau das Feld, noch zarter Anwachs
Strenge der Luft im gereiften Obstjahr.
Denn was aus Schneehöhn nähret der Algidus,
Geweiht im vielfach mästenden Eichelforst,
Auch was Albanertriften tragen,
Färbe des Pontifex Axt, ein stattlich
Siegsopfer: du nicht darfst der Versöhnungen
Durch vielen Mord untadliges Wollenviehs;
Nur Rosmarin den kleinen Göttern
Drehst du zum Kranz und der Myrte Reisig.
Ob auch geschenklos rührt den Altar die Hand;
Kein Opferaufwand sänftiget mehr den Zorn
Der Hauspenaten, als ein wenig
Heiliges Schrot und ein knisternd Salzkorn.

24. Rüge

Reicher, als unberührreter
Schatz der Araberstämm', und was der Inder häuft,
Magst mit Quadern du ganz umbaun
Hier das tuskische Meer, dort das apulische.
Wenn demantene Nägel dir
Hoch am Giebel einmal heftete grauser Zwang,
Wirst du weder den Geist der Furcht,
Noch des düsteren Tods Schlingen das Haupt entziehn.

Besser lebt ja der Steppenscyth',
Auf dem Karren nach Brauch führend das Wanderhaus,
Besser starrendes Getenvolk,
Welchem rings unbegrenzt und ungeteilt das Feld
Freien Ceresertrag verleiht,
Wo nicht über ein Jahr Acker zu baun gefällt,
Wo den Mühebelad'nen sein
Stellvertreter erlöst, hoffend ein gleiches Los.
Dort am mutterverwaiseten
Stiefsohn übet das Weib Zärtlichkeit ohne Schuld;
Keine Gattin mit reichem Erb'
Herrscht im Hause des Manns, gleißenden Buhlen hold.
Reiches Erb' ist der Zeugenden
Tugend, und, die den Reiz anderer Männer flieht,
Keuschheit, ewigem Bunde treu;
Und das Fehl unerhört, oder der Lohn ist Tod.
Wer, o wer will die frevelnden
Mord' hinweg und die Wut heben des Bürgerstreits?
Wünscht er »Vater des Reichs« genannt
Dazustehn in Erz. wag' er, entzügelter
Frechheit Greuel zu bändigen,
Glanzvoll spätem Geschlecht; denn (o Verworfenheit!)
Tugend Lebender hassen wir,
Die den Augen entschwand, suchen wir Neidischen!
Was der jammernde Klageton,
Wenn nicht Marter hinweg schneidet die Missethat?
Was doch ohne der Sitten Zucht
Frommt das eitle Gesetz, wenn der entflammete
Weltraum weder, mit Glut umhegt,
Noch die frostige Nordgrenze des Boreas,
Und am Boden erharschter Schnee,
Krämerherzen verscheucht? wenn der empörten Flut
Schlau obsiegen die Segeler?
Wenn die grause, mit Schmach zeichnende Dürftigkeit
Alles dulden uns heißt und thun,
Und vom Steige der hoch ragenden Tugend weicht?
Auf denn! zum Kapitol empor,
Wohin Jubelgeschrei schwärmender Meng' uns führt,

Auf denn, laßt in das nächste Meer
Kleinod', Edelgestein, und o das schnöde Gold,
Alles äußersten Wehes Stoff,
Uns fortschaffen! Gereut ernstlich die Frevelthat,
Ausgerottet im ersten Keim
Sei die schnöde Begier, und der verzärtelte
Sinn durch rauhere Übungen
Umgebildet in Zucht! Roh auf dem Rosse hängt
Kaum des edelen Stammes Sproß,
Und erbangt vor der Jagd: besser im Spiel gewandt,
Sei's im grajischen Reifenschlag,
Sei's im Würfel vielmehr, den das Gesetz verbeut,
Weil der Vater verräterisch
Seinen Freund im Gewerb' oder den Gast betrügt,
Und, unwürdiger Erbe, dir
Geld beschleuniget, Geld! Siehe zum Übermaß
Wächst der Reichtum empor, doch fehlt
Aller ärmlichen Hab' immer ich weiß nicht was.

25. An Bacchus

Wohin, Bacchus, entführst du mich,
Voll dein? welche Gehölz' eil' ich und Klüft' hindurch,
Wild vom seltsamen Geist? o wo
Hört umwölbender Fels mich des verherrlichten
Cäsars ewigen Preis mit Glut
Zu den Sternen erhöhn und in den Rat des Zeus?
Großes sing' ich und neues, was
Nie gesungen ein Mund! So, auf den Höhen staunt,
Wach vom Schlummer. die Euias,
Wann sie Hebrus und fern Thrakia, weiß im Schnee,
Anblickt und wie vom Barbarfuß
Ganz der Rhodope schwärmt: so mich Verirreten
Freun der Bord' und des öden Hains
Wonnentzückungen . O, du der Najaden Hort
Und Bacchanten Gewühls, das stark
Mit der Hand die emporragende Esch' entdreht!

Nicht sei klein und geniedrigt mir,
Nicht sei sterblich der Ton. Süße Gefahr, o Gott,
O Lenäus, zu folgen dir,
Der mit grünendem Weinlaube die Schläfe kränzt!

26. An Venus

Um Mägdlein warb ich sonst mit Geschicklichkeit,
Und strebt' im Feldzug nicht ungerühmt voran:
Nun hier die Waffen und die Leier,
Müde des Kampfs, an die Wand gehänget,
Die links der Wogenherrscherin Venus Seit'
Einschließet. Hier, hier leget die leuchtenden
Windfackeln, Hebebäum' und Bogen,
Fürchterlich einst den gesperrten Flügeln.
O Göttin, heilvoll thronend in Cyprus Flur,
Und Memphis, wo nie Thrakierflocken wehn.
O Herrsch'rin, mit geschwungner Geißel
Chloë nur *einmal* gerührt, die stolze.

27. An Galatea

Frevler leit' unselig der Schreier Grünspecht,
Leit' ein Hund schwerwandelnd mit Frucht, die Füchsin,
Welche warf, und. rennend vom Lanuviner-
Felde, die Wölfin.
Eine Schlang' auch hemme des Weges Fortgang,
Wenn sie schnell seitwärts wie ein Pfeil daherschießt
Und die Rößlein schreckt. Doch wem *ich* bekümmert
Spähe die Vorschau,
Werd' ich, eh' zum stehenden Sumpf der Vogel
Wiederkehr, der nahenden Guß herabkrächzt,
Durch Gebet aufrufen des Raben Deutungs-
Stimme vom Ausgang.
Lebe wohl. wo lieber du auch es wünschest;
Eingedenk nur bleib' Galatea, meiner,

Störe nicht dein Scheiden ein linker Specht noch
Flatternde Krähen.
Doch du schaust, mit welchem Tumult Orion
Dort zum Absturz eilt. O ich weiß, was ansagt
Hadrias tiefdunkelnde Bucht, was heiter
Brütet Japyx!
Ha der Feind' Eh'weiber vielmehr und Kinder
Treffe blind herzuckende Wut des Auster,
Wann geschwärzt aufbrauset das Meer und dumpfem
Schlage der Strand bebt.
So vertraut' Europa dem argen Stier einst
Ihren Marmorwuchs, bis umher Gewimmel
Grauser Meerscheusal' und Betrug erblassend
Schaute der Kühne.
Eben noch um Blumen der Au geschäftigt
Und den Kranz Feldnymphen zum Danke windend,
Sah sie jetzt in dämmernder Nacht nur Sterne
Rings und Gewässer.
Als sie Kreta nun, das Gebiet der hundert
Städt' erreicht: O Vater, entweiht ist deiner
Tochter Nam'; ihr frommes Gefühl, begann sie,
Tilgte der Wahnsinn!
Ach woher doch kam ich? wohin? Nur *ein* Tod
Ist zu leicht jungfräulicher Schuld! Bewein' ich
Wach der Schand' Abweg? Ist genaht der Fehler-
reinen ein Trugbild,
Das vom Thor anschwebend des Elfenbeines
Mir den Traum herführt? Wie erschien's doch besser
Durch der Meerflut Räume zu gehn, als frische
Blumen zu pflücken?
Wenn den ruchlos schaltenden Stier doch einer
Meinem Zorn darböte; mit Stahl zerfleischt' ich
Ihm den Leib, ab räng' ich das Horn dem jüngst so
Teueren Untier!
Ich (o schamlos!) floh die Geschlechtspenaten,
Ich (o schamlos!) säume den Tod! Du Gottheit.
Die noch anhört, laß mich entblößt einhergehn
Unter den Bergleun!

Ehe noch vor hagerem Gram der Anmut
Volle Wang' einsinkt, und der zarten Beute
Jugendsaft wegdorrt, in der Schönheit möcht' ich
Weiden die Tiger!
Fern auch drängt, Ehrlose, der Grimm des Vaters;
Stirb, Europa! Säumst du? Da ragt die Esche,
Wo der Gurt abschwebend, der wohl dir folgte,
Leicht dich erdrosselt!
Oder reizt Felshang und zum Mord gezacktes
Steingeklipp dich mehr, o wohlan, vertraue
Raschem Sturmwind dich, wo im Frohn nicht lieber
Wolle du abspinnst,
Königsblut, und schmählich wie Nebengattin
Dienst dem Barbarweib. In der Klag' erschien ihr
Venus, falsch anlächelnd, zugleich mit schlaffem
Bogen Cupido.
Satt der Spottred' endlich: O laß doch, sprach sie,
Deinen Zorn ausruhn und die Glut des Haders,
Bis der unwillkommene Farr zum Stümmeln
Dir das Gehörn reicht.
Weißt du nicht, Zeus Gattin zu sein, des Herrschers?
Hemme doch dein Schluchzen und lern' ertragen
Großes Glück anständig; von dir empfäht einst
Namen ein Weltteil!

28. An Lyde

Was am hohen Neptunustag
Soll ich besseres thun? Hol' aus dem Weinverschloß
Hurtig, Lyde, den Cäkuber.
Auf, und stürme die Schanz' ernsterer Weisheit ein.
Daß die Mitte des Tags sich neigt,
Schaust du, doch, wie wenn still stände des Tages Flug,
Säumst du dort zu entziehn den Krug,
Der seit Bibulus Jahr träge das Lager drückt.
Wir im Wechselgesang erhöhn
Dann Neptunus und Meernymphen in grünem Haar;

Du antwortest mit Lautenton
Letos Lob und der schnell treffenden Cynthia.
Dann der Gnidia Lob zuletzt,
Die Cykladen voll Glanz segnet, und Paphos Hain
Gern mit Schwanengespann besucht;
Auch ertönet der Nacht schuldiger Schlafgesang.

29. An Mäcenas

Tyrrhenersprößling fürstlicher Ahnen, dein
Harrt linder Firnwein, noch ungewandt im Faß,
Dein auch, Mäcenas, Rosenblüt' und
Balanusöl, dir das Haar zu würzen,
Vorlängst bei mir schon. Reiß' vom Verzug dich los;
Nicht ewig Tiburs Auen und Äsulas
Abhängig Feld mir, noch des Vater-
Mörders Telegonus Höhn betrachtet!
Verlaß den ekelnährenden Überfluß,
Und deines Burgturms ragende Wolkenhöh';
Nicht länger schau der stolzen Roma
Rauch und Getümmel und Pracht erstaunt an.
Hat doch dem Reichen holde Veränderung
Und reine Nachtkost unter des Armen Dach,
Auch ohne Baldachin und Purpur,
Oft die gerunzelte Stirn entfaltet.
Schon hebt verborgnes Feuer Andromedas
Glanzheller Vater; Procyon wütet schon
Und wild des Löwen Stern in Wahnsinn;
Sol hat die sengenden Tag' erneuert.
Schon sucht der Hirt mit lechzender Herd' erschöpft
Ein Schattenbächlein, und des verwilderten
Silvanus Dickicht; nirgend atmen
Streifende Wind' um die stillen Ufer.
Du sinnst Verfassung, welche das Bürgerwohl
Fest gründ', und sorgsam pflegst du der Stadt, in Furcht,
Was Serer uns und Cyrus Herrschaft
Baktra, was Tanais droh' in Zwietracht.

Vorsichtig hat zukünftiger Zeit Erfolg
In mitternächtlich Dunkel gehüllt ein Gott.
Und lacht, wenn Staubgeschlecht hinausstrebt
Über gemessenes Ziel. Was da ist,
Das ordn' in Gleichmut. Anderes flutet hin,
Dem Strome gleich, der jetzt in Umuferung
Sanftwallend zum Etruskermeer sich
Windet; und jetzt mit Gestein, das abschoß,
Entraffte Baumstämm', Herd' auch, und Häuser auch
Fortrollt gemeinsam, nicht bei gedämpftem Hall
Der Berg' umher und naher Waldung;
Wann der zerschwemmende Guß die stillen
Quellbäch' emporreizt. Jener ist eigner Herr
Und wohlgemut, wem täglich das Wort geziemt.
Heut' lebt' ich, morgen hüll' in Sturmnacht
Jupiter dunkel den Pol, er hell' ihn
In Sonnenklarheit; nimmer Vereitelung
Dem, was vorbei ist, schaffet er, oder kann
Umbildend unvollendet machen,
Was die entfliehende Stund' hinweghob.
Fortuna, froh grausamer Geschäftigkeit,
Fort spielt sie rastlos Spiele des Übermuts
Und tauscht der Ehr' unsteten Glanz, bald
Mir, und dem anderen bald gewogen
Bleibt jene, wohl denn! Regt sie die Fittige
Zur Flucht, gelassen geb' ich zurück und hüll'
In meine Tugend mich und redlich
Tracht' ich zu sein in dürftigem Stande.
Nicht mir gemäß ist's, kracht von des Afrikus
Orkan der Mastbaum, kläglich emporzuflehn
Und durch Gelübd' einhandeln, daß nicht
Cyprische War' und die Fracht von Tyrus
Des Meeres Habsucht fülle mit neuem Schatz.
Mich wird im doppelrudrigen Kahne dann
Gesichert durch Ägäeraufruhr
Tragen die Luft und der Zwilling Pollux.

30. An Melpomene

Dauerhafter als Erz schuf ich ein Ehrenmal,
Über Königspaläst' und Pyramid' erhöht,
Das kein modernder Guß, kein ungezähmter Nord
Auszutilgen vermag, noch ungezählter
Jahre Reih' und hinabrollender Zeiten Flucht.
Nicht ganz werd' ich vergehn, und ein erklecklich Teil
Meiner meidet die Gruft. Immer geherrlichter
Wachs' ich künftig wie neu, weil mit der schweigenden
Jungfrau zum Kapitol steiget der Pontifex.
Mich nennt mancher, wo wild brauset der Aufidus,
Und wo, dürftig der Flut, Daunus den ländlichen
Völkerstämmen geherrscht: daß ich, aus niederem
Hoch, der erste gelenkt Äolerharmonie
Zum italischen Laut. Nimm den erhabnen Stolz,
Den Verdienst dir gewann, und. o Melpomene,
Huldreich gürt' um das Haar delphischen Lorbeer mir!

Viertes Buch

1. An Venus

Lang' entfremdete Venus, du
Regest wieder den Kampf? Gnade mir, Gnad'! Ich bin
Nicht mehr jener, den Cinara
Einst so milde beherrscht! End' o des lieblichen
Amors grausame Zeugerin,
Sanft zu lenken im Joch ihn, der, erhartet schon,
Nah' sein zehentes Lustrum fühlt!
Geh, wo Jünglinge dir flehen mit Schmeichelruf.
Weit wohlzeitiger schwebest du
Festlich, von dem Gespann purpurner Schwän' erhöht,
Dort in Maximus Paulus Haus,
Wenn ein wackeres Herz du zu entflammen suchst.
Er, ein edeler Sproß, und hold,
Und kein schweigender Hort banger Beschuldigter,
Und unzähliger Künste reich,
Wird im Dienste dir weit tragen das Siegspanier.
Und sobald er dem schenkenden
Nebenbuhler zum Hohn glücklicher lachen wird,
Stellt er hart am Albanersee
Dich aus Marmor empor unter dem Cedernbau.
Froh dort atmest du reichlichen
Weihrauch; und, der Guitarr' und berecyntischen
Opfertibien zugesellt,
Labt dich süßer Gesang, unter Syringenton.
Zweimal Tages erheben dort
Dich, o Göttin, vereint Knaben und Mägdelein,
Die mit schimmerndem Fuß den Grund
Nach der Salier Art stampfen im Drittelschlag.
Mich reizt weder die Jugendlust,
Noch antwortender Lieb' eitele Hoffnung mehr,
Noch wetteifernder Bacchustrunk,
Noch ein frisch um die Schläf' duftender Blumenkranz.

Doch was, ach, Ligurinus, was
Rinnt mir heimlich die Thrän' über die Wang' herab?
Was doch hemmt die Beredsamkeit,
Daß unrühmlich im Wort lallend die Zunge stockt?
Oft im nächtlichen Traumgesicht
Halt' ich schon dich umarmt; oft dem entflatternden
Folg' ich über das Rasenfeld
Mavors, folg' ich, wo Flut, Grausamer, dich umwallt.

2. An Julus Antonius

Wer des Pindar Schwung zu erreichen strebet,
Der vertraut sich wächserner Schwing' Julus,
Durch des Dädal Kunst, um dem Azur-Meere
Namen zu geben.
Gleich dem bergabrollenden Strom, den Regen
Über sein herkömmliches Ufer anschwellt,
Braust einher grenzlos aus getiefter Mündung
Pindaros strudelnd;
Wert des apollinischen Lorbeerlaubes,
Ob er durch wildtaumelnde Dithyramben
Neue Laut' abwälzt und dem Sturm des Rhythmos
Ohne Gesetz folgt,
Ob er Gottheit tönt und den gottentsprossnen
Königsstamm, durch welchen gedämpft der frevle
Bergcentaur hinsank und gedämpft Chimäras
Schrecklicher Gluthauch,
Ob er nun, wen elische Palm' in Himmels-
Wonnen heimführt, Kämpfer der Faust und Siegsroß,
Singt, und Denkmal stellt, das vor hundert Bildern
Ehrengeschenk ist,
Oder Brautwehklag' um den Tod des Jünglings
Weint und Kraft, Mannsinn und des goldnen Alters
Sitten hoch zum Äther entfuhrt und dunklem
Erebus mißgönnt.
Viel des Luftschwalls hebt den Dircäerschwan auf;
Wann er auch, Antonius, dringt in hohe

Wolkenräum'. Ich selbst, dem Matinerbienlein
Ähnlich geartet,
Das sich Kost aus Thymus in Fleiß und Arbeit
Nippend sucht: so rings am Gehölze Tiburs
Und der Bach' Umuferung bild' ich Kleiner
Mühsame Liedlein.
Tön' o du, Hochsänger, mit vollerm Anschlag
Cäsars Lob, wann einst er gezähmt emporführt
Durch der Weih' Anhöhn, in verdientem Festland,
Wilde Sugambrer.
Über den nichts größres der Erd' und bessres
Nicht das Schicksal gab und die Huld der Götter,
Noch hinfort je giebt, ob erneut in Gold auch
Glänze die Urzeit.
Töne du, wie fröhliche Tag', und ringsher
Spiel' die Stadt darbeut, da zurück ersehnet
Kam der Held Augustus, wie leer von Rechtes-
Händeln der Markt ist.
Dann, wo ich auch rede, was Ohr verdienet,
Werd' ich laut einstimmen, und: O du Sonne,
Hehre du, preisvolle, durch Cäsars Heimkehr
Selige! sing' ich.
Und weil du vorwandelst: Io Triumph! dann
Rufen wir nicht einmal: Io Triumph! dann
Ruft die Stadt ringsum, und gestreut wird Weihrauch
Segnenden Göttern.
Dich befrein zehn Farren und zehn der Kühe;
Mich ein zart Stierkalb, nach verlassner Mutter,
Das, umgrünt vom Kraute, zum Jüngling anwächst.
Meinem Gelübde:
Aus der Stirn nachahmend das krumme Feuer
Lunas. die neu kehret zum dritten Aufgang;
Wo das Mal abzeichnet. wie Schnee von Ansehn,
Übrigens rötlich.

3. An Melpomene

Wen, Melpomene, du einmal
Sahst mit gütigem Aug', als er geboren ward,
Nicht wird solchen der Isthmuskampf
Durch Fausttugend erhöhn, nicht in Olympias
Rennbahn trägt ihn ein Sturmgespann
Als Obsieger; auch nie führet in delischem
Lorbeerkranz den Eroberer,
Weil er tilgte den Trotz schwindelnder Könige,
Glanzvoll zum Kapitol Triumph.
Aber Wellengeräusch fruchtbarer Tiburau'n,
Und dichtgrünender Haine Nacht,
Wird äolischen Geist hoher Gesäng' ihm wehn.
Der weltherrschenden Romaburg
Anwachs würdiget mich in der gelobten
Sänger heiligen Chor zu reihn;
Und schon weniger nagt neidischer Zahn an mir.
O, die goldenem Saitenspiel
Harmonieen entlockt, Göttin Pierias,
O die selber dem stummen Fisch
Mächtig wäre des Schwans Töne nach Lust zu leihn:
Ganz dein Ehrengeschenk ist dies,
Daß mit Fingern mich zeigt. wer da vorübergeht,
Mich, den Meister des Römergesangs,
Daß mein Streben gefällt, wenn es gefällt, ist dein.

4. Lob des Drusus

So wie den donnertragenden Adeler,
Dem Zeus die Herrschaft streifender Vögel gab,
Der Götter Fürst, ihn treu erfahrend
Bei Ganymedes dem blondgelockten,
Vormals die Jugend und die ererbte Kraft
Dem Nest, der Mühn unkundigen noch, enttrieb,
Und, nach geklärten Regenschauern,

Lenzliche Wind' ungewohnte Schwüng' ihm,
Dem bangen Neuling. lehreten, bald zur Hürd'
Als Feind hinabstürzt feuriger Ungestüm,
Nun gegen Drachenbrut, die anringt,
Drängt die Begierde des Mahls und Kampfes:
So wie im fröhlich nährenden Thal das Reh
Ihn, dem die falbe Mutter die Brust verbot,
Den milchentwöhnten Leun, vom jungen
Zahne bestimmt zu verbluten, sahe:
So sahn am Abhang rhätischer Alpenhöhn
Mit Krieg den Drusus walten Vindeliker:
(Woher entstammter Brauch aus Urzeit
Dort amazonischer Axt Bewaffnung
Der Rechten darbot, lehnt' ich zu forschen ab;
Nicht alles durchschaun dürfen wir!) doch die lang'
Und weit umher siegreichen Scharen,
Wieder durch Jünglingsrat besieget,
Empfanden, was doch Seele von edlem Trieb,
Wohl aufgenähret unter des Heiles Dach,
Vermochte, was Augustus' Vater-
Herz für die Söhne vom Stamm des Nero.
Ein gut Geschlecht wird Guten und Biederen:
Am Roß erscheint, am Farren erscheint der Mut
Der Väter; nicht wehrlose Tauben
Werden gezeugt vom beherzten Adler.
Doch Lehre fördert innerer Tugend Keim,
Und rechter Anbau stärkt mit Gedeihn das Herz;
Sobald der Sitten Zucht ermangelt,
Schänden, was edel entsproß, die Laster.
Was du, o Roma, deinen Neronen dankst,
Zeug' ist Metaurus Strömung und Hasdrubals
Hinsturz, und nach verscheuchtem Dunkel
Latiums herrlicher Tag in Klarheit,
Der hold zuerst anlächelt' in Überfluß;
Da graß der Afer Italerstädte durch,
Wie Glut durch Kiengehölz, wie Eurus
Durch die sikulische Wog', einherfuhr.
Nunmehr erhub sich glücklicher stets im Kampf

Die Römerjugend, und von entweihendem
Karthageraufruhr öde Tempel
Stellten empor die gestürzten Götter.
Und endlich sprach der trügende Hannibal:
Wir, Hirschen ähnlich, reißender Wölfe Raub,
Verfolgen selber sie, die wahrlich
Meiden und fliehn wie ein Hochtriumph ist.
Dies Volk, das kraftvoll, ilischem Brand' entrückt,
Durch Sturm der Tuskerwogen sein Heiliges,
Und Söhn' und hochbetagte Väter
Trug in das Reich der Ausonenstädte,
Wie wenn der Steineich' Äste das Beil beschor
Auf Höhn des dunkellaubigen Algidus;
Durch Schaden, durch Gemord', entlehnt es
Mut und Gewalt von dem Eisen selber.
Nicht wuchs die Hydra stärker aus Wund' erneut
Dem, als besiegt schon, eifernden Herkules;
Nicht nährt' ein größres Ungeheuer
Kolchis im Schoß und Echions Theben.
Versenkt's in Meerflut, herrlicher steigt's hervor;
Ringt gegen, plötzlich streckt es in frischer Kraft
Den Sieger preisvoll und vollendet
Kämpfe, der Gattinnen Wonnerzählung!
Nicht fürder send' ich stolze Verkündiger
Zu dir, Karthago! Nun ist entflohn, entflohn
Die Hoffnung ganz und unsres Namens
Ehre, da Hasdrubal sank, geschwunden!
Nichts wahrlich, was nicht Claudierarm vollbringt!
Dieweil mit Segenswinke sie Jupiter
Verteidigt, und stets wache Sorgfalt
Loset aus spitzigen Jähn des Krieges!

5. An Cäsar Augustus

Milder Götter Geschlecht, Romulus Volke du
Bester Hüter, entfernt weilst du zu lange schon;
Heimkehr ohne Verzug hast du dem Väterrat
Angelobet; so kehre heim!
Segne wieder mit Licht, edeler Fürst, dein Land;
Denn sobald wie der Lenz heiter dein Angesicht
Zugelächelt dem Volk, fröhlicher eilt der Tag,
Heller strahlt ihm der Sonnenschein.
Wie die Mutter den Sohn, welchen mit neidischem
Hauch der zögernde Süd jenseit karpathischer
Meereswogen bereits über des Jahres Frist
Vom behaglichen Haus entfernt,
Fromm durch Ahnung und Flehn, fromm mit Gelübden ruft
Und vom krummen Gestad nimmer das Antlitz kehrt:
So mit bangem Gefühl inniger Zärtlichkeit
Sucht dich, Cäsar, das Vaterland.
Denn nun wandelt der Stier sicher die Flur hindurch;
Ceres nähret die Flur segnend mit Fruchtbarkeit;
Durch friedliche Meer schweben die Segeler;
Und untadlige Treue gilt.
Nicht schamlose Begier kränket ein keusches Haus;
Strenge Sitt' und Gesetz tilgte des Frevlers Schmach;
Vatergleiches Geschlecht ehret die Wöchnerin;
Strafe folget der Schuld gesellt.
Wer scheut Parther und wer frostige Scythen nun?
Wer die gräßliche Brut, welche Germania
Aufzieht, weil unversehrt Cäsar uns lebt? o wen
Schreckt iberische Kriegeswut?
Froh verlebet den Tag jeder auf eignen Höhn,
Und die Rebe zur Braut giebt er dem Witwerbaum:
Froh dann kehrt er zum Wein und bei dem festlichen
Nachtisch preiset er dich als Gott.
Dich mit häufigem Flehn ehret er, dich mit Most,
Aus den Schalen gesprengt; und bei den Laren steht
Deine Gottheit, wie einst Gräcia Kastors Macht

Dankbar weiht' und des Herkules.
Lang' anhaltende Fest' ach, in Hesperia
Schenk' uns, edeler Fürst! rufen wir, wann der Tag
Neu uns Nüchterne grüßt, rufen wir Trunkene,
Wann im Meere die Sonne sich birgt.

6. Lobgesang auf Apollo und Diana

Gott, dem furchtbar Niobes Stamm ein hohes
Wort gebüßt, und Tityos Ehrenschändung,
Er auch, Trojas Sieger beinah, der Phthier
König Achilles,
Allen sonst vorstrebend, nur dir zu machtlos,
Ob er zwar von Thetis gesäugt, der Göttin,
Schreckenvoll anrannte den Speer, daß bebten
Dardanus Türme.
Er, wie wenn einhauendem Stahl die Fichte,
Und dem Ostorkan die Cypress' herabkracht,
Maß den Grund weithin, und im Staub der Teukrer
Ruhte sein Antlitz.
Er fürwahr nicht hätt' in dem Roß, das Pallas
Weihe log, sich bergend, getäuscht die Troer
An dem Unglücksfest, und die Reigenschwärm' in
Priamos Vorhof;
Offenbar austilgend im Sturm, o Weh! Weh!
Hätt' er auch unmündige Kinder Trojas
Aufgebrannt durch Danaerglut, im Mutter-
Schoße die Frucht auch:
Hätte nicht, durch dein und der holden Venus
Flehn besiegt, Zeus gnädig dem Held Äneas
Zugewinkt mit besserer Vorbedeutung
Steigende Mauern.
Du, der Vorspiel rauscht der Hellenin Klio,
Phöbus, du, der badet das Haar im Xanthus,
Schütz' ihr Lob willfährig der Daunermuse,
Glatter Agyeus!
Phöbus hat mir höheren Geist und Phöbus

Liedeskunst und Namen verliehn des Dichters.
Ihr, der Jungfraun Blüt', und o Knaben, Söhn' ihr
Glänzender Väter;
Ihr, von Delos Göttin geschirmt, die plötzlich
Lüchs' in Flucht und Hirsche mit Jagdgeschoß hemmt,
Wohl beachtet lesbischen Takt und was mein
Daumen euch anschlägt.
Preist gebührend ihn, der Latona Sprößling.
Preist der Nachterleuchterin neuen Abglanz,
Die mit Feldfrucht segnet und rasch des Mondes
Kreisungen umrollt.
Künftig sagst du Gattin: Ich sang den Göttern,
Als die Frohnfesttage gebracht das Säkel,
Gern gehört, ihr Lied, wie Horaz der Sänger
Lehrte die Weisung.

7. An Torquatus

Weggeflohn ist der Schnee, schon kehrt dem Gefilde die Grasung,
Bäumen das grünende Laub.
Jugendlich wechselt die Flur, und tiefer gezwängt in den Ufern
Eilen die Ströme vorbei.
Nymphen gesellt wagt jetzo die Grazie samt den Geschwistern
Nackend zu schweben im Tanz.
Nichts Unsterbliches hoffe! so mahnet das Jahr, und die Hora
Raffend den wonnigen Tag.
Kälte verthaut im Weste; den Lenz drängt heftiger Sommer,
Gleich zu entfliehen bestimmt,
Wann vielfarbige Früchte der Herbst ausschüttete; bald dann
Kehret der lässige Frost.
Doch was dem Himmel entschwand, das erneun schnellwandelnde
    Monde:
Wir nur, versanken wir dort,
Wo Äneas der Held, wo machtvoll Tullus und Ancus,
Schatten ja sind wir und Staub.
Wer doch weiß, ob hinzu der heutigen Summe den Morgen
Füge der Ewigen Rat?

Alles entgeht des Erben begierigen Händen, was *deine*
Fröhliche Seele genießt.
Sankst du einmal hinab, und sprach dort über dich Minos
Seinen erhabenen Spruch,
Nicht, Torquatus, der Stamm, nicht deine Beredsamkeit, nicht auch
Stellt dich die Frömmigkeit her.
Selbst ja Diana erlöst den keuschen Hippolytus niemals
Aus acherontischer Nacht,
Auch nicht Theseus sprengt mit Gewalt die letheischen Fesseln
Seinem Pirithous ab.

8. An L. Marcius Censorinus

Reicher Schalen Geschenk böt' ich und edles Erz,
Censorinus, mit Lust meinen Erkorenen;
Auch dreifüßig Geschirr, Preise der tapferen
Grajer, böt' ich; und nicht trügst du das schlechteste

Meines Ehrengeschenks: wär' ich der Künste reich,
Welche Skopas erschuf oder Parrhasius,
Sorgsam jener in Stein, dieser in Farbenglanz,
Bald den sterblichen Mann anlächelnd, bald den Gott.

Doch des fehlt mir die Macht; und es bedarf auch dir
Weder Habe noch Sinn solcherlei Köstlichkeit.
Lieder freuen dein Herz; Lieder vermögen wir
Und bestimmen genau unserm Geschenk den Wert.

Nicht Denkmäler des Staats, prangend in Marmorschrift,
Welche Leben und Geist, wann sie im Tode ruhn,
Kriegeshelden erneun; nicht der gewendete
Trotz des schmählich zurückstiebenden Hannibal

Hat uns jenen, der einst, Bändiger Afrikas,
Mit des Namens Gewinn kehrete, herrlicher
Und glanzvoller gezeigt, als die calabrischen
Pieriden. Du trägst nimmer, verstummt das Blatt.

Lohn für redliches Thun. Mavors und Ilias
Sohn, was war' er, wofern Neid und Verschwiegenheit
Uns in Nacht das Verdienst hüllte des Romulus?
Aus der stygischen Flut rettet den Äakus

Kraft der Seher und Gunst, und ihr gewaltiger
Ausspruch heiliget ihn Inseln der Seligen.
Selbst den Himmel verleiht Musengesang. So labt
Sich an Jupiters Mahl Herkules Heldenmut,

Sternhell blinkt das Geschlecht Tyndarus her und reißt
Aus Abgründen des Meers scheiternde Kiel empor;
Um die Schläfen gedreht grünendes Rebenlaub,
Prangt Lyäus, und lenkt fromme Gelübd' in Heil.

9. An Lollius

Nur nicht gewähnet, künftig verhalle, was,
Erzeugt am fernhin brausenden Aufidus,
Durch neu gewagte Kunst ich aussprach,
Worte dem Saitengetön' vermählend.
Nicht, wenn vor allen hoch der Mäonier
Homerus ragt, darf Pindarus Muse sich,
Und Ceas und Alcäus drohende,
Und des Stesichorus ernste, bergen.
Nicht hat, was vormals scherzet Anakreon,
Vertilgt die Zeit; fort atmet die Liebe noch,
Fort lebt die Inbrunst, hellem Spiel' einst
Von der Äolerin anvertrauet.
Auch brannt' allein nicht für den gekräuselten
Liebkoser, Kleidern köstlich mit Gold geblümt,
Und Königspompe staunend, Spartas
Helena und dem Geleit der Diener.
Nicht Teukrus erst hat Rohr vom Cydonenhorn
Geschnellt; nicht *einmal* härmte sich Ilios;
Nicht nur Idomeneus der große
Kämpfte, noch Sthenelus nur, im Schlachtfeld

Des Musenloblieds würdiger Kampf; auch nicht
Hat mutig Hektor oder Deiphobus
Der Held für keusche Fraun und Kinder
Schreckliche Wunden zuerst erlitten.
Viel Tapfre lebten vor Agamemnon schon
Ruhmvoll; doch alle träumen sie unbeweint
Und ungenannt in langer Nacht, weil
Heiligen Sehergesangs sie mangeln.
Begrabner Trägheit wenig entfernet steht
Verhehlte Tugend. Nein, ich gestatte nicht,
Daß deinem Schmuck mein Blatt verstumme,
Oder so viel, was hervor du schufest,
Straflos umnagen, Lollius, neidische
Vergessenheiten. Dir ist ein Geist verliehn
Voll Lebensklugheit und in guten
Schickungen so wie in schlimmen aufrecht;
Trughafter Habsucht Rächer und nicht verlockt
Vom schnöden alles blendenden Goldesglanz,
Und Konsul, nicht nur *eines* Jahres,
Sondern so oft er, getreu und redlich
Urteilend, vorzog Gutes dem Nützlichen,
Mit hohem Antlitz Gaben der Freveler
Abwies, und durch der Scharen Andrang
Sich in den Waffen erhub, ein Sieger.
Nicht, wer sich vieles eignete, nennest du
Wahrhaft gesegnet; würdiger heißet dir
Ein Mann des Segens, wer, was Götter
Sendeten, weise genießt und dankbar,
Auch harte Armut wohl zu erdulden weiß,
Und mehr als Tod heilloses Verbrechen scheut,
Nicht zagend auch, für traute Freunde
Oder für Herd und Altar zu sterben.

10. An Ligurinus

O du Grausamer noch und mit der Huld Cyprias Prangender!
Wenn dir bald unverhofft gelblicher Flaum, Stolzer, das Kinn
    umsproßt,
Und der Schulter ihr lang rollendes Haar unter dem Stahl entsank,
Auch die Farbe, die nun rötlicher als purpurne Rosen blüht,

Bald erblaßt, und ein rauhbärtig Gesicht dir, Ligurinus, starrt:
Seufzen wirst du, so oft spiegelnd du schaust dich den veränderten:
Ach! warum nicht, wie heut' denket das Herz, dacht' es dem Knaben
    so,
Oder jetzo warum kehrt nicht dem Sinn voriger Wangenreiz?

11. An Phyllis

Mir im Haus' ist voll des Albanerweines
Länger als neun Jahr' ein Geschirr; im Garten,
Phyllis, grünt, uns Kränze zu drehn, der Eppich,
Grünt auch des Epheus
Menge, daß einwindend das Haar du glänzest;
Silber lacht ringsum; der Altar, mit keuschem
Weihelaub sich gürtend, verlangt des Opfer-
Lammes Besprengung;
Ungesäumt eilt jegliche Hand; es rennen
Hier und dorthin Knaben gesellt zu Mägdlein;
Zitternd flammt und rollet die Glut den qualmend
Wirbelnden Rauch auf.
Daß jedoch du wissest, in welche Lust man
Dich beruft; hier gilt es die Idusfeier:
Welcher Tag halb teilet der Meeres-Venus
Monat Aprilis,
Mir mit Recht hochheilig im Jahr, wie kaum ich
Mein Geburtsfest feiere: weil von diesem
Lichte mein Mäcenas die zugeströmten
Jahre sich ordnet.

Telephus, nach welchem du strebst, den Jüngling
Weigert dir dein Los; ihn gewann ein Mägdlein,
Reich und schalkheitsvoll und sie hält in holdem
Band' ihn gefesselt.
Hohen Ehrgeiz schreckt der vom Blitz gesengte
Phaethon; auch warnt mit dem ernsten Beispiel
Pegasus, unbändig dem Erdensprößling
Bellerophontes,
Daß du stets dein würdiges suchst und weiter,
Als vergönnt ist, nie mit der Hoffnung trachtend,
Gleich und gleich nur wollest. Wohlan denn, meiner
Liebe Beschluß du!
Denn hinfort soll nimmer ein Weib das Herz mir
Neu durchglühn! Auf, Weisen gelernt, die lieblich
Deine Kehl' anstimme! Gesang vermindert
Dunkele Sorgen!

12. An Vergilius

Schon, dem Lenze gesellt, drängen die thracischen
Hauch' auf sanfterem Meer Segel an Segel hin;
Schon nicht starren die Au'n, rauschen die Flüsse nicht,
Aufgeschwollen von Winterschnee.
Itys klagend in Gram, bauet die Nachtigall
Mitleidswürdig ihr Nest, sie des cekropischen
Hauses ewige Schmach, weil sie dem Könige
Unfromm Barbargelust vergalt.
Auf zartgrasiger Trift singen genähreter
Schäflein Hüter vereint Lieder zur Waldsyring'
Und erfreun den Gott, welcher Arkadias
Vieh und schattige Hügel liebt.
Durst auch brachte die Zeit, trauter Vergilius,
Doch, gelüstet es dich, calischen Rebensaft
Einzuschärfen, o Freund edeler Jünglinge;
Auf, mit Narde den Wein gekauft!
Schon ein winziger Nard-Onyx entlockt den Krug,
Den im Lager annoch heget Sulpicius:

Neuer Hoffnungen Schatz öffnet der Krug und spült
Auch die bitterste Sorg' hinweg.
Kann dich solcherlei Fest nötigen, eile samt
Deiner Ware daher. Nicht so umsonst, fürwahr,
Soll von meinem Getränk feucht dir die Lunge sein,
Als am Tische des reichen Manns.
Laß denn ruhen Verzug und des Gewinns Begier,
Und der düsteren Glut denkend, dieweil du kannst,
Meng' in weiseren Ernst wenige Thorheit ein.
Süß ist's schwärmen am rechten Ort.

13. An Lyce

Ja, sie hörten mein Flehn, Lyce, die seligen
Götter hörten mein Flehn: Alt, du bist alt und doch
Willst du schön dich gebärden;
Schamlos hüpfst du und schwärmst am Wein,
Und in zitterndem Laut, Trunkene, lockt dein Lied
Amor her, der sich sträubt; besser auf blühenden
Wangen ruht er der frischen
Und tonkundigen Chierin.
Denn mit störrischem Flug meidet er trockene
Eichen, meidet er dich, weil die ergilbenden
Zähne, weil dich die Runzeln
Ganz entstellt und des Hauptes Schnee.
Nicht erweckt dir die Pracht koischer Purpure,
Nicht glanzhelles Gestein Zeiten, die dir vorlängst
Im allkundigen Jahrbuch
Wohl bestattet der Flügeltag.
Wo dein Reiz und die Farb', ach, und die Zierlichkeit
Jeder Regung? Was bleibt jener, o jener noch,
Die, holdselige Anmut
Atmend, ganz mich geraubt mir selbst?
Wunderselige nach Cinara, herrliche,
Zaubervolle Gestalt! Aber die Cinara
Nahm frühzeitiges Schicksal,
Aufbewahrend dem Stufenjahr

Dich, o Lyce, der hochaltrigen Krähe gleich:
Daß ansähe der Schwarm brausender Jünglinge,
Nicht ohn' inniges Lachen,
Sänk' in Asche der Fackel Stumpf.

14. An Cäsar Augustus

Wie mag der Väter und der Quiriten Herz
Mit vollgehäuften Ehrenbezeugungen
Nach Würd', Augustus, deine Tugend
Ewigen, zeichnend in Stein und Jahrbuch
Der fernsten Nachwelt? o wo bewohnbar Land
Die Sonn' erleuchtet, größter der Fürsten du,
Den, ungezähmt von Romas Ausspruch,
Jüngst die Vindelikerschwärm' erkannten,
Was du durch Mavors könntest. Mit deiner Macht
Hat Drusus unfügsames Genaunervolk
Und rasche Breuner und Kastelle
Hoch von entsetzlichen Alpengipfeln
Herabgetaumelt, mehr denn Vergelter nur.
Bald schlug der ältre Nero gewaltige
Feldschlacht, und unmenschhafte Rhäter
Trieb er mit segnender Vorbedeutung:
Anschauenswert im furchtbaren Mavorskampf,
Als Herzen, freiem Tode geheiliget,
Er niederrang durch grausen Umsturz;
Fast wie den Schwall ungezähmter Wogen
Abmüdet Auster, wenn der Plejaden Chor
Die Wolken aufschließt; feindlichen Reitertrupp
Unlässig tummelnd und das mutig
Brausende Roß durch die Gluten sprengend,
So stürzt der stierformahmende Aufidus,
Am Reiche strömend Daunus des Appulers,
Wann wütend er graunvoller Sintflut
Ödungen droht den gebauten Äckern:
Wie dort den Barbarn Claudius eiserne
Heerscharen voll einstürzender Kraft zerschlug

Und Vorderreihn zur Erd' und Nachreihn
Mähete, sonder Verlust ein Sieger:
Weil du Gewalt, du helfenden Rat verliehst,
Und deine Götter. Denn an dem Tag', als dir
Die Pfort' Alexandrea knieend
Und den geräumten Palast geöffnet,
Hat dir im dritten Lustrum Fortunas Gunst
Erneut des Krieges frohe Vollendungen
Und Ruhm und Herrlichkeit des Feldherrn
Vorigem Glanze hinzufüget.
Dir staunt, zuvor unbändig, der Cantaber,
Auch Med' und Inder, Scythias Flüchtling dir,
O nahe Schutzgottheit dem alten
Latium und der Gebiet'rin Roma!
Dir, der des Ursprungs Quellen verhehlt, der Nil,
Und Ister, dir der reißende Tigris, dir
Der Ocean voll Ungeheuer,
Der vor entlegnen Britannen hinbraust.
Dir horcht die Tod nicht scheuende Gallia,
Und unterwürfig harter Iberer Land;
Dir, die des Mords sich freun, Sugambrer,
Friedliche Waffen gestreckt in Ehrfurcht.

15. An Cäsar Augustus

Anstimmen wollt' ich Schlacht und Eroberung,
Da rauschte Phöbus zornigen Lyraklang,
Nicht durch Tyrrhenerflut mit kleinem
Segel zu gehn. Es erneut', o Cäsar,
Dein Segensalter reichen Ertrag der Flur,
Und gab die Adler unserem Zeus zurück,
Entrafft der Parther stolzen Pfosten,
Auch den von Fehde geräumten Janus-
Quirinustempel schloß es und bändigte
Die frech aus Ordnung schweifende Üppigkeit
Mit straffem Zügel, warf die Laster
Aus und erweckte den Geist der Vorwelt:

Wodurch Latinernamen und Italer-
Gewalt und Ruhm wuchs und des erhabnen Reichs
Weit ausgedehnte Macht zum Aufgang
Sols vom hesperischen Abendlager.
Wenn Cäsars Obhut schirmet die Welt, wird nicht
Wahnsinn und Aufruhr stören der Bürger Ruh.
Nicht Zorn, der, Wehr und Waffen schmiedend,
Städte mit traurigem Weh befeindet.
Nicht er, den tränkt Danubius tiefer Strom,
Verletzt, was aussprach Julius, Geten nicht,
Nicht Serer, noch treulose Perser,
Nicht, wer an Tanais Flut emporwuchs.
Doch wir, am Arbeitstag und am Feiertag,
Von Bacchus scherzereichem Geschenk erfreut,
Wir wollen stets mit Fraun und Kindern,
Fromm an die Götter zuvor uns wendend,
Nach Väterbrauch, Heerführer von tapfrem Mut,
In Hochgesang und lydischem Flötenhall,
Und Troja samt Anchises Lob und
Venus der holden Geschlecht erheben.

Epoden

1. An C. Cilnius Mäcenas

Liburnerbarken lenkest du zur Macht, o Freund,
Der hohen Orlogsschiffe hin,
Nicht säumig, was auch für Gefahr dem Cäsar droht,
Zu eignen dir, Mäcenas, selbst.
Was wir? da uns das Leben, wenn du überlebst,
Freud ist, wenn anders, eine Last?
Ausharren etwa nach Gebot in stiller Ruh,
Die nicht behaget, als mit dir?
Wie? oder selbst des Zuges Arbeit mit bestehn,
Wie Männern, die nicht beben, ziemt?
Bestanden! und durch Alpengletscher dir, und durch
Gastlose Jäh'n des Kaukasus,
Ja bis zum allerfernsten Saum des Niedergangs,
Gefolgt mit unverzagter Brust!
Du fragest, was ich deiner Arbeit frommen mag,
Unkriegerisch und wenig fest?
Begleitend werd' ich minder dir in Sorge sein,
Die mehr getrennte Herzen quält;
So wie bei federloser Brut ein Vogel sitzt,
Und mehr der Schlang' Anringelung
Abwesend fürchtet; keineswegs durch Gegenwart
Hilfreicher nahen Kindelein.
Gern diesen Kampf und jeden andern kämpf' ich mit,
In Hoffnung deiner Lieb' allein;
Nicht daß der Stiergespanne mehr mein Saatenfeld
Mühsam mit schwerem Pfluge baun,
Nicht daß ans Calabertrift mein Vieh vor Sommerbrand
Umwandre zur Lucanertrift,
Noch daß ein Landhaus ragend mir an Tusculums
Circäermauren schimmere.
Genug und mehr hat deine Gunst mich reich gemacht.
Nie werd' ich sammeln, daß den Schatz,

Wie Chremes karg, in Erd' ich eingrab' oder wüst
Verlockre gleich dem Muttersohn.

2. Gebet des Alfius

»Beglückter Mann, der fern von allem Weltgeschäft,
Wie biedres Volk des Altertums,
Sein Vaterfeld mit eignen Stieren wohl durchpflügt,
Von allem Wuchersinne frei;
Den nicht zum Blutkampf Horngetön' rauhschmetternd weckt,
Nicht ängstet grauser Zorn des Meers,
Der Markt und Richtstuhl meidet und großmächtiger
Mitbürger stolze Wohnungen.
Bald leitet er das aufgewachsne Rebenkind
Als Braut zum hohen Pappelbaum;
Bald im geschweiften Thale schaut er brüllender
Viehschwärme rege Fröhlichkeit;
Fruchtlose Zweig' auch schneidet er mit krummer Hipp'
Und pfropft ein edles Reis darauf;
Bald drückt er klaren Honigseim in rein Geschirr;
Bald übt er zarter Schäfchen Schur.
Wenn dann sein Haupt, mit reifem Obste schön gekränzt,
Der Herbst im Fruchtgefild' erhub;
Wie selig bricht er selbstgepfropfte Birnen ab
Und seine Traub' im Purpurglanz,
Zur Gabe dir, Priapus, und dir, waltender
Silvanus, der die Grenzen schirmt!
Froh liegt er jetzt von alter Steineich' überwölbt,
Und jetzt auf derbem Graseswuchs.
In hohen Ufern unterdes entschlüpft der Bach,
In Wäldern girrt der Vögel Chor;
Und rauschend stäubt der Quellen unversiegte Flut
Und ladet ein zum sanften Schlaf.
Doch wenn des Donnergottes Jahr im Wintersturm
Platzregen gießt und Flocken schneit;
Bald hetzt mit Kuppeln dort und dort er schnaubende
Waldsäu' ins aufgestellte Netz,

Bald auf geglätteter Gabel spannt er Maschengarn
Naschhaften Drosseln zum Betrug;
Und den Hasen in Angst, und dich, du reisender Kranich, fängt
Die Schling' als leckre Feierkost.
O wem nicht senket allen Harm, den Liebe nährt,
So etwas in Vergessenheit?
Sorgt noch ein frommes Eh'gemahl auch ihrerseits
Für Haus und liebe Kinderchen,
Rasch, wie die Sabinergattin, und, von Sonne braun,
Wie das Weib des kecken Appulers;
Umhäuft mit altem Holze sie der Laren Herd,
Dem müden Manne zum Empfang;
Schließt dann in Flechtwerk eingepfercht mutvolles Vieh
Und melkt die straffen Euter leer;
Bringt heurigen Most, der süßen Kuf' entschöpft, sie dar
Und rüstet nicht gekauften Schmaus:
Nicht labten mehr Lucrineraustern mir den Gaum,
Des Meeres Butt' und Brassen nicht,
Wenn aus des Morgenlandes Flut ein Donnersturm
Sie her an unsren Strand verschlug;
Nicht glitt' ein Vogel Afrikas in meinen Bauch,
Und kein ionischer Auerhahn,
Schmackhafter nieder, als die Beer', am fettesten
Gezweig des Ölbaums ausgewählt,
Als Sauerampfer meiner Wies' und Malvenmus
Gesunde Kost dem schwachen Leib,
Und als ein festlich Opferlamm des Terminus,
Und ein Böcklein, abgejagt dem Wolf.
Bei solcher Tafel, welche Lust, das Wollenvieh
Zu schaun, das satt zur Stallung eilt;
Zu schaun, wie müd' die umgekehrte Schar der Stier
Heimwärts am matten Halse schleift,
Und wie Arbeitsvolk, des reichen Hauses junger Schwarm,
Um hellbestrahlte Laren sitzt!«
Als so geredet unser Wuchrer Alfius,
Durchaus ein Landmann schon im Geist,
Flugs trieb er ein im Monatsmittel alles Geld,
Am ersten drauf belegt er's neu.

3. An Mäcenas

Wer seinem Vater frevelhaft mit eigner Hand
Die Greiseskehl' einst umgedreht,
Dem reichet Knoblauch, ätzender als Schierlingssaft;
Ha, Schnittermagen sind von Stahl!
Welch arges Gift doch raset mir die Brust herab?
Hat eingekochtes Natternblut
In diesen Kräutern mich getäuscht? hat zauberreich
Canidia schlimme Kost gemengt?
Als aus der Argonautenschar Medea einst
Des Führers Reiz bewunderte,
Da ward, bevor er fremdes Joch den Stieren band,
Hiermit Jason eingesalbt.
Hiermit Gebeiztes schenkte sie der Afterbraut
Zur Rach' und floh im Schlangenflug.
Nicht tobte jemals so die Glut des Sirius
Dem ausgedörrten Appuler,
Nicht fraß des Ehrenkleides Brand dem Herkules
Die Heldenschultern zischender.
Doch wenn dich jemals solch Gelust, o scherzender
Mäcenas, reizet, wünsch' ich dir,
Das Mädchen strecke deinem Kuß die Hand zur Wehr,
Und rück' im Lager bis zum Rand.

4. Auf Mänas

Wie Wölf' und Lämmer von Natur der Haß getrennt,
So ganz getrennt sind ich und du,
Du wohlgenarbt den Rücken vom Ibererseil,
Die Beine tief vom Schellenring!
Ja strotze nur, auf Geld dich brüstend, stolz einher;
Nicht ändert Glück des Menschen Art!
O schau doch, wenn die heilige Straß' entlang du schwebst
Im Togapomp. sechs Ellen weit,
Wie drehn ihr Antlitz dort und dort die Wandelnden

In unverhohl'ner Ärgernis!
»Er, den der Büttel wund gestriemt im Frohngericht.
Bis zu des Herolds Überdruß,
Pflügt tausend Morgen vom Falernerfeld' und tritt
Des Appius Weg mit Rossen hohl;
Und auf den ersten Bänken sitzt er groß und breit
Als Ritter, Othos Bill zum Hohn!
Wozu so viel lastreicher Orlogsschiffe denn
Mit ehrnen Schnäbeln angeführt,
Den Räuberschwarm zu dämpfen, und der Knechte Troß;
Da *der*, ja der, ist Kriegstribun?«

5. Auf die Giftmischerin Canidia

»O all' ihr Götter, deren Macht vom Himmel her
Erdkreis und Menschenstämme lenkt!
Was soll denn dieses Lärmen? was der stiere Blick
Aus jedem Aug' auf mich allein?
Bei deinen Kindern, wenn erfleht von Leibesfrucht
Wahrhaft Lucina dich entband,
Bei dieses Purpurs eitler Pracht beschwör' ich dich,
Bei Zeus, dem das nicht wohlgefällt!
Was droht mir dein Stiefmutterantlitz, was der Grimm,
Wie angeschossnes Raubgewilds?« –
Als so mit bebender Lippe laut wehklagend stand
Der Knab', enthüllt der edlen Tracht,
An Wuchs noch unreif, welcher selbst der Thracier
Unsanfte Herzen hätt' erweicht;
Canidia jetzt, mit kurzer Vipernbrut das Haar
Umwickelt und ihr wüstes Haupt,
Gebeut den wilden Feigenstrauch, dem Grab entdreht,
Gebeut cypressnes Totenholz.
Des düstern Uhus Federn auch und Eier mit
Der grausen Kröte Blut gefärbt,
Auch Kräuter, welch' Jolkos und Iberia
Aussendet, reich an Giftgewächs,
Und Knochen, einer nüchtern Hündin abgejagt,

Zu streu'n in Kolchis Zauberglut.
Doch Sagana rennt eilfertig durch das ganze Haus
Und sprengt Avernusflut umher,
Ihr borstig Haupthaar aufgesträubt, wie ein stachliger
Meerigel und die Bach' im Lauf.
Auch Veja, nie von Schuldbewußtsein abgeschreckt,
Mit hartgezahnter Karste Schwung
Höhlt tief den Grund aus, keuchend vor Mühseligkeit,
Allwo der eingesenkte Knab'
Am zwei- und dreimal umgetauschten Schaugericht
Den langen Tag hinsterben soll.
Vorragend nur sein Antlitz, wie am Wassersaum
Mit bloßem Kinne hängt ein Leib:
Daß ausgedörrte Leber und verbranntes Mark
Ein Liebestränklein kräftige,
Wann auf das untersagte Mahl hinstarrend nun
Sein mählich brechend Aug' erlosch.
Nicht fehlte, voll mannhafter Ausgelassenheit,
Auch Folia von Ariminum,
So glaubt der stillen Ruhe Sitz Neapolis
Und alle Nachbarschaft umher:
Die mit thessalischem Banngetön' die Sterne samt
Dem Mond herab vom Himmel reißt.
Canidia jetzt, den unbeschnittnen Daum erboßt
Annagend mit dem gelben Zahn,
Was sprach sie? was verschwieg sie? »O ihr, meines Thuns
Nicht unbewährte Zeuginnen,
Nacht, und Diana, die herab Stillschweigen winkt
Geheimnisvollem Opferbrauch,
Nun, nun genaht mir! nun auf Feindeswohnungen
Zorn und der Gottheit Macht gewandt!
Jetzt weil im schauerhaften Forst sich barg das Wild,
Vom süßen Schlummer hingestreckt,
Scheucht doch, zum Spotte aller, ihn, den verbuhlten Greis,
Mit Saburanerhunden fort,
Der Narde duftet, welche nie vollkommener
Durch meine Händ' erkünstelt ward. –
Was giebt's? wie wirket schwächer doch das grause Gift

Der Barbarin Medea hier,
Womit an Kreons Tochter sie, dem herrischen
Kebsweibe, Rach' ausübt und floh.
Als durch des Mantels pestgetränkte Gab' in Glut
Die Neuvermählte loderte?
Kein Kraut ist dennoch, keine wo am rauhen Ort
Versteckte Wurzel übersehn;
Er schläft auf Polstern, die mit aller Nebenfraun
Vergessenheit ich wohl gewürzt! –
Ah! ah! durch einer ausgelernten Zauberin
Bannspruch gelöset wandelt er! –
Von nicht gemeinem Wundertrank sollst, Varus, du,
O kläglich bald aufjammernder,
Zurück mir rennen; und dein hergelockter Sinn
Bleibt Marserstimmen unverlockt!
Noch voller misch' ich, voller noch dir eingeschenkt,
Biet' ich den Kelch dem ekelnden!
Eh' sinkt der Himmel unterhalb des Meers hinab,
Und oben breitet sich das Land,
Eh' du nicht so in meiner Lieb' aufloderst, wie
Erdharz in schwarzer Flamme brennt!« –
Nicht will der Knabe, wie zuvor, mit sanfter Red'
Anflehen der Verruchten Herz;
Nein, zweifelnd, wie ausbrechen soll sein stummer Mund,
Strömt er Thyestesverwünschungen.
»Banngift mag großes Recht und Unrecht zwar, doch nicht
Der Menschenhandlung Los verdrehn.
Mit grausen Furien jag' ich euch, der grause Fluch
Wird nie durch Opfer ausgesühnt.
Ja, sobald von Mörderhänden ich den Geist verhaucht,
Tob' ich, ein nächtlich Graun, hinan;
In das Antlitz fahr' ich Schatten euch mit krummen Klaun,
(Der Manen Gottheit hat die Macht)
Und stets ans unruhvolle Herz euch angeschmiegt,
Schreck' ich den bangen Schlaf hinweg!
Der Gassen Auflauf, dort und dorther steinigend,
Zermalmt euch, grauses Ungetüm;
Die unbegrabnen Glieder dann zerzaust der Wölf'

Und Esquilinervögel Schwarm;
Und meinen Eltern, ach den überlebenden,
Wird solches Schauspiel nicht entgehn!

6. An Cassius Severus

Warum so frech harmlose Fremdling' angebellt,
Du gegen Wölf' ein träger Hund?
Hierher gerichtet, wenn du kannst, dein eitles Drohn,
Und mich, der wiederbeißt, gepackt!
Denn gleich dem Moloß, und gleich dem falben Sparterwind,
Der treuen Hut des Weidenden,
Jag' ich mit aufgespitztem Ohr durch tiefen Schnee.
Was auch voranrennt raschen Wilds.
Du, wenn dein furchtbar lauter Hall weit scholl im Forst,
Beschnüffelst vorgeworfnen Fraß.
Gemach, gemach! denn streng' auf Bös' und eiferig,
Erheb' ich kampfbereit das Horn;
Wie einst Lykambes schnöd' entehrter Tochtermann,
Und der bittre Feind des Bupalus!
Wie, wenn mit schwarzem Geiferzahn mich einer faßt,
Wehklag' ich wehrlos wie ein Kind?

7. An die Römer

Wohin, wohin, Verruchte, stürmt ihr? Was trägt die Hand
Entblößt den kaum verhüllten Stahl?
Ward noch zu wenig auf Gefild' und Wogen rings
Latinerblutes ausgeströmt?
Nicht daß Karthagos stolze Burg, der neidischen,
In Römerflammen loderte,
Daß ungezähmter Britannenschwarm den heil'gen Weg
Hinunterstieg' in Kettenzwang;
Nein daß, der Parther Wunsche nach, mit eigner Hand
Sich diese Stadt hinopferte!
Nie kannten Wölfe solchen Brauch und Löwen nie,

Feindselig nur ungleicher Art!
Reißt blinder Wahnsinn, reißt Gewalt von oben euch,
Reißt Schuld dahin? Antwortet mir!
Sie schweigen; Todesblässe deckt das Angesicht,
Und schwer getroffen starrt das Herz.
So ist es: Schicksalswehe treibt die Römer um,
Und Missethat des Brudermords,
Seitdem zur Erd', o Remus, dein unschuldig Blut,
Ein Fluch den Kindeskindern, floß.

9. An Mäcenas

Wann, Cäsars froh, des Siegers, trink' ich Cäkuber,
Zu Feiermählern aufbewahrt,
Mit dir im hohen Turmpalast (so will es Zeus)
Mäcenas, hochbeseligter;
Indes gemeinsam Phrygerrohr und Lyra tönt,
Sie dorisch, jene Phrygerton?
Wie neulich, als, gescheucht im Sund, Neptunus Sohn
Entfloh aus seiner Schiffe Brand,
Einst drohend uns mit Fesseln, die befreundet er
Treulosen Knechten abgestreift.
Ein Römersohn (ha, nimmer glaubt ihr, Enkel, das)
Trägt, einer Frau Leibeigener,
Schanzpfähl' und Waffen ihr zum Streit; Verschnittnen selbst,
Den runzelvollen, übt er Frohn;
Und unter Legionenadlern (o der Schmach)
Erblicket Sol ein Mückenzelt.
Des murrend, wandten Gallier rasch, zwei Tausende,
Die Ross' und sangen Cäsars Lob;
Den Rücken nun im Hafen, lauscht das feindliche
Schiffsheer, zur Flucht linksum gewandt.
Io Triumph! was säumt dein goldner Wagen noch?
Was unterjochter Kühe Zug?
Io Triumph! nicht aus Jugurthas Kriege trugst
Du solchen Feldherrn uns zurück,
Auch nicht den Afrikaner, dem die Tugend auf

Karthago sein Grabmal erhub.
Im Land' und Meer bewältigt, trägt statt purpurnes
Ein trauernd Kriegsgewand der Feind:
Ob er zum Reich der hundert Städte Kreta nun
Hineilt mit nicht gewognem Wind,
Ob er vom Notus aufgewühlte Syrten sucht,
Ob treibt auf ungewisser See.
Von weitrem Umfang, Knabe, reich' uns Becher her,
Und Chios oder Lesbos Wein;
Doch lieber den, der schlaffen Ekel bändiget,
Uns eingeschenkt, den Cäkuber!
Unmut und Sorg' um Cäsars Wohlfahrt spüle ganz
Lyäus süßer Trank hinweg!

10. Auf den Dichter Mävius

Mit böser Vorschau abgelöst enteilt das Schiff
Und trägt den Stänker Mävius.
Daß beide Borde schreckenvoll mit hoher Flut
Du, Auster, schlägst, vergiß es nicht!
Schwarz werf' ihm Eurus Taue dort im Meergewühl,
Dort abgebrochne Ruder hin!
Auch steige kraftvoll Aquilo, dem auf Felsenhöhn
Steineichenwaldung bebt und kracht!
Und kein Gestirn in düstrer Sturmnacht schein' ihm hold,
Wo trüb' umwölkt Orion sinkt;
Nicht schweb' er sanfter durch der Wog' Einöden fort,
Als einst Achajas Siegerschar,
Da Pallas Zorn vom Brande Trojas sich gewandt
Auf Ajax frevelhaften Mast!
Ha, welch ein Schweiß steht deinen Schiffern bald bevor,
Dir selbst wie fahle Totenfarb',
Und jene nicht mannhafte Wehklag' und das Flehn
Zum weggewandten Jupiter,
Wenn brüllend nun der ionische Sund mit nassem Hauch
Des Notus dir das Gebälk zerschlug!
So du, als fette Siegesbeut', am krumme Strand

Gestreckt die Tauchervögel labst:
Dann wird ein ausgelassner Geißbock dargebracht
Den Stürmen und ein junges Schaf.

11. An Pettius

Nein, nicht wie vormal strömet mir, mein Pettius,
Fröhlicher Lieder Gesang;
Von Amor ward ich scharf gefaßt,
Von Amor, der mich unter allen auserkor,
Rosiger Knaben Gespiel
Und zarter Mägdlein Knecht zu sein.
Schon dreimal hat Dezembersturm, seit hier erlosch
Meiner Inachia Brand,
Der Waldung Ehrenschmuck entführt.
Weh, weh! die Stadt durch (Scham des Unheils rötet mich!)
Welch ein Geplauder von mir!
Wie reut mich jedes Lustgelag,
Wo meine Lieb' ein schmachtend Aug' und stummer Gram
Kündigte, ach, und der Brust
Tief aufgeseufzter Atemzug!
»Daß gegen Habsucht nichts vermag des Armen Geist
Oder sein redliches Herz!«
So klagt' ich oft mit Thränen dir,
Sobald durch Gluten lautren Weins mir Feurigerm,
Blödigkeit tilgend, der Gott
Mein tief Geheimnis vorgelockt.
»Ja tobt' in meinem Busen nur aufbrausend einst
Freiere Galle, daß solch
Unholdes Labsal ich dem Wind
Ausstreute, dem die schlimme Wund' um nichts genes't;
Endigen wird sie, verschmäht,
Ungleichen Streit, die edle Scham!«
Nachdem ich ernst vor deinem Ohre so getrotzt,
Grade nach Hause zu gehn
Ermahnet, schwankt' ich irren Gangs
Zu Pfosten, ach, nicht freundlich mir, und hin zur (ach!)

Grausamen Schwelle, worauf
Ich Seit' und Schenkel wund gedrückt!
Nun hält der Knabe, der an zartem Rosenwuchs
Blühende Mädchen beschämt,
Lyciscus mich gebändiget:
Wovon mich keines Freundes Sorg' befreien kann,
Nicht unverhohlener Rat,
Nicht strenger Vorwurf oder Hohn;
Nur andre Glut, ein blendend weißes Mägdelein,
Oder ein rundlicher Knab'
In langem aufgeknüpftem Haar.

13. An die Freunde

Schauriges Ungewitter umschloß den Himmel, herab steigt
In Regenguß und Flocken Zeus;
Meer nun, und Waldungen nun
Hallen vom thracischen Norde durchwühlt. Auf, hascht ihr Geliebten,
Was uns verleiht des Tages Flug,
Weil sich noch reget das Knie,
Und es geziemt, entwölkt die umzogene Stirne vom Alter!
Du, lange Wein hervor, im Jahr
Meines Torquatus gepreßt!
Schweig von dem übrigen ganz: noch kann durch günstigen Wechsel
Erneun der Dinge Stand ein Gott.
Heute die Locken gesalbt
Mit des Achämenes Nard', und cylleneische Saite
Verbann' aus unsrer Brust den miß-
launigen Sorgentumult!
So wie der edle Centaur einst sang dem erhabenen Zögling:
»Du unbesiegter Menschensohn,
Thetis der Göttin entsproßt,
Deiner harrt die Assarakusflur, die der kleine Skamandrus
Mit kalter Strömung trennt und rasch
Simois Welle durchfließt.
Doch zu der Umkehr brach das entscheidende Parcengespinst ab:
Nie trägt nach Hause dich die meer-

farbige Mutter zurück.
Dort denn jegliches Leid mit Gesang’ und Weine verbannet:
Die abgehärmter Grämlichkeit
Wonnige Tröstungen sind.

14. An Mäcenas

Wie durch Sinn und Gedanken mir also weichliches Nichtsthun
Vergessenheit zuflößete,
Gleich als hätt’ ich der Lethe Getränk voll Schlummerbetäubung
Mit trocknem Schlund hinabgeschlürft:
Oft, o trauter Mäcenas, quälest du mich also befragend.
Ein Gott, ein Gott verbeut mir ja,
Daß das begonnene Lied der längst verheißenen Jamben
Ich bis zum Ende hinführe.
Also, sagt man, entbrannt’ um den Samierknaben Bathyllus
Anakreon der Tëier,
Der zur gewölbten Laute so oft ausweinte die Sehnsucht,
Nicht nach der Regel strengem Fuß.
Schmachtest du selbst doch in Glut; und wenn nicht schönerem Feuer
Belagert aufflammt’ Ilium:
Fröhlich genieße dein Los. Mir giebt die Entlassne, mit *einem*
Nicht ganz vergnügte Phryne Qual.

15. An Neära

Nacht war’s und hell strahlte der Mond am heiteren Himmel,
Den kleine Stern’ umfunkelten,
Als du, zu höhnen bereit die Gewalt allmächtiger Götter,
Den vorgesagten Eid mir schwurst.
Enger. wie Epheugerank’ einschnürt den erhabenen Eichstamm
Mit zähen Armen angeschmiegt:
Weil den Schafen der Wolf, und dem Seemann feindlich Orion
Das Wintermeer auftürmete,
Weil ungeschorne Haare die Luft dem Apollo bewegte,
Sollt’ unsrer Liebe Bund bestehn.

Ha, bald wirst du mit Gram mich Tapferen kennen, Neära,
Denn wenn sich Flaccus fühlt als Mann,
Duldet er nicht, daß du ewig dem Günstlinge Nächte gewährest,
Und sucht im Zorn ein gleiches Herz;
Trotzig entsagt er auf immer der nun anstößigen Schönheit,
Wenn recht der Eifer ihn durchdrang.
Doch du, wer du auch bist, Glückseliger, welcher ob meinem
Unglück einher voll Stolzes geht,
Seist du reich an Herden und reich an unendlichen Äckern,
Und ströme Gold Pactolus dir,
Wärst mit Pythagoras Sätzen vertraut, des zweimal Gebor'nen,
Und weiche Nireus dir an Reiz;
Weh! wie wirst du so bald die gewechselte Liebe beklagen;
Ich aber lache dann, wie du!

16. An das römische Volk

Schon das zweite Geschlecht wird verzehrt durch Bürgerbefehdung,
Und Roma, selbst von eigner Kraft bewältigt, sinkt.
Die zu verderben umsonst anwohnende Marser getrachtet,
Umsonst Porsinna, drohend mit Etruskermacht;
Die nicht Spartacus Grimm, noch Capua, werbend um Vorrang,
Noch, ungetreu in Neuerung. der Allobrog;
Nicht blauäugige Horden der rauhen Germania jemals
Gebändigt, noch der Väter Abscheu, Hannibal:
Diese verderben wir Frevlergeschlecht fluchschwangeren Blutes,
Bis wiederum Raubwild die Einöd' überschwärmt.
Bald (ach!) steht der Barbar siegreich auf geäscherten Trümmern,
Sein Reiter trabt mit lautem Hufschlag durch die Stadt;
Und, die Wind und Sonne verschont, die Gebeine Quirinus,
O Greuelanblick! streut umher sein Übermut.
Jetzt ratschlagt ihr vielleicht in Gemeinheit, oder die Bessern,
Ob Rettung euch von solcher Drangsal werden mag.
Aller Meinungen soll der Beschluß sein: Wie der Phocäer
Gesamte Stadt nach grausem Eidschwur flüchtete,
Fern von Herd' und Vatergefild', und zur Wohnung die Tempel
Dem Eber nachließ und dem räuberischen Wolf:

Gehn wir, wohin auch trage der Fuß, wohin durch Gewog' auch
Uns Notus ruf' und ungestümer Afrikus.
Billigt ihr? oder ersinnt noch Besseres einer? Wohlauf denn,
Mit guter Vorschau, säumt ihr noch? besteigt den Kiel!
Doch dies schwören wir alle: Sobald aufstrebend vom Abgrund
Der Felsen schwimmt, soll nicht die Heimkehr Greuel sein!
Nicht gereue nach Hause gewendete Segelung, wann erst
Des Padus Flut Matinums schroffes Haupt umspült,
Oder ins Meer vorläuft der erhabene Appenninus,
Und Ungetüm durch neue Wollust mißgepaart
Seltsamer Trieb: daß gern sich die Tigerin gattet dem Damhirsch,
Daß Ehebruch die Taube mit dem Weiher übt;
Wann zutrauliches Rind nicht zagt anfunkelnden Löwen,
Und salziger Meeresflut zottenlos der Bock sich freut.
Dies und alles, was sonst abschreckt von der lockenden Heimkehr,
Mit Fluch beschwörend, wandern wir, die ganze Stadt;
Oder wer thörichtem Schwarm sich enthob; was zag' und entnervt ist,
Das brüte hier auf ungeweihtem Polster fort.
Ihr, voll Tugend und Kraft, enthaltet euch weibischen Klagens,
Und flieget am Etrusker-Meergestad' entlang.
Unser harrt der Umströmer Oceanus. Felder, o suchet
Die Segensfelder und des Heils Eilande dort,
Wo der Ceres die Erd' ungepflügt sich jährlich verzinset,
Und ungeschneitelt immer blüht der Rebenberg,
Wo Fruchtzweige sich blähn des niemals täuschenden Ölbaums,
Und voll die braune Feige schmückt den Mutterstamm,
Honig aus Eichengeklüften herabrinnt und den Gebirghöhn
Der rasche Quell in lautem Wellengang enthüpft.
Ohne Geheiß dort kommen zur schäumenden Gelte die Ziegen,
Und heim mit straffem Euter kehrt die frohe Trift;
Niemals schaden dem Viehe Verpestungen; keines Gestirnes
Entflammung dörrt kraftlose Herden ungezähmt.
Auch kein nächtlicher Bär umbrummt die Hürde des Schäfers,
Noch schwillet tief von reger Natternbrut die Flur.
Mehrerem noch erstaunen wir Seligen: wie mit des Regens
Ergoßnem Absturz Eurus nie das Feld zerschwemmt,
Noch in trockener Scholle der fruchtende Same versengt wird.
Da Näss' und Glut der Götterkönig mäßiget.

Dorthin ruderte nie die argonautische Fichte,
Noch trat die unschamhafte Kolcherin den Strand,
Nie auch drehten die Rahen dahin sidonische Segler,
Und nie die arbeitsame Schar des Ithakers.
Jupiter sonderte selbst die Gestad' hier frommem Geschlechte,
Da goldne Urzeit er in Erz entwürdigte.
Hart aus ehernem schuf er das eiserne Alter, aus welchem
Ein gutes Glück, weissag' ich, Fromme mahnt zur Flucht.

17. An Canidia

Horaz

Schon überwältigt streck' ich deiner Kunst die Händ'
Im Staub und flehe bei der Macht Proserpinas
Und bei Dianas nie verletzter Allgewalt,
Auch bei den Büchern, kräftiger Bannsprüche voll,
Die hoch vom Himmel feste Stern' herunterziehn,
Canidia, laß den Zauberanruf endlich ruhn
Und löse rückwärts, löse doch der Rolle Schwung.
Bewegt ward Nereus Tochtersohn von Telephus,
Obgleich er trotzig gegen ihn geschart ein Heer
Der Myser und geschärfte Wurfspieß' ihm geschnellt.
Mild salbten Trojas Frauen ihn, der den Hunden schon
Und Geiern dalag, Hektors Leib, des mordenden;
Nachdem der König vor der Stadt fußfällig, ach,
Den starren Sinn des Peleionen angefleht.
Aus harter Bälge Borstenwuchs enthüllete
Das Rudervolk des schwerversuchten Ithakers,
Durch Circes Huld, die Glieder; schnell kam Sinn und Laut
Zurück und kennbar Menschenwürd' ins Angesicht.
Genug und mehr schon büßt' ich dir der Strafen ab,
Du aller Krämer und Matrosen Lieblingin!
Hin floh die Jugend, und der Scham Leibfarb' entschwand
Dem Antlitz, wo fahlgelbe Haut Gebein umhängt;
Dein Zauberbalsam bleichte machtvoll mir das Haar,
Nie folgt der Arbeit kurze Frist nur auszuruhn,

Nacht drängt den Tag fort, Tag die Nacht, doch nimmer wird
Erleichterung der eingezwängten Herzensangst.
Ja glauben muß ich Armer, was unglaublich schien:
Sabellerbannspruch dröhne dumpf ins Herz hinein,
Und oft vom Marsermurmel sei zersprengt ein Haupt.
Was willst du noch? O Meer und Erde! Weh', ich brenn',
Entflammter als der schwarzumströmte Herkules
Vom Blut des Nessus, als des feuerbrausenden
Sikanenberges Lohe. Du, bis dürr verstäubt
Ich, ungestümer Winde Hohn, aufwirbele,
Fort glühst du, Werkstatt kolchischer Giftmischerei!
Welch Ende harret meiner noch, und welcher Sold?
Sag' an! ich werde, was du auflegst, treu bestehn:
Dich auszusöhnen stracks bereit, ob du's verlangst,
Mit hundert Stieren, ob mit lügenhaftem Ton
Der Leier. Du Schamhafte, du o Fromme, sollst
Einher durch Sterne wandeln wie ein goldner Stern.
Von Helenas gekränktem Leumund zwar empört,
Gab Kastor und der Zwillingsheld dem flehenden
Hochsänger sein entnommenes Augenlicht zurück.
Auch mich (du kannst ja) laß des Wahnsinns wieder los,
O du, von keines Vaters Schmach besudelte,
Kein altes Weib, wohlkundig, aus der Armen Grab
Am neunten Tage Leichenasch' umher zu streun!
Dein Herz ist menschlich, rein die Hand; es sproßte dir
Aus eignem Schoß dein Pactumejus; deines Bluts
Gefärbte Tücher hat die Hebamm' abgespült,
So oft vom Lager, tapfre Wöchnerin, du sprangst!

Antwort der Canidia

Warum mit Flehn mein festverschlossnes Ohr bestürmt?
Nicht tauber sind Felsriffe nackten Ruderern,
Woran Neptun erhobne Salzflut winternd schlägt!
Ha! ungeahndet hättest du die Cotyttien
Verlacht enthüllend und des freien Amors Dienst?
Als Pontifex der Esquilinenzauberei,
Straflos die Stadt mit meinem Namen angefüllt?

Was hätt' ich denn Pelignermütterlein bestellt
Um reichen Lohn und schnellentscheidendes Gift gemengt?
Doch spätres Schicksal, als du wünschest, harret dein,
Elendes Leben, voll von Unmut, lebst du so,
Daß neuen stets und neuen Martern du genügst.
Ruh wünscht des Pelops Vater, der, um Hochverrat,
Dort ewig darbt am vollen Festmahl, Tantalus;
Ruh wünscht Prometheus, ausgespannt dem Adeler;
Es wünscht zur Berghöh' aufzuwälzen Sisyphus
Den Marmorfelsblock: aber Zeus Ausspruch verbeut's.
Bald sinnst du einen jähen Sprung hochher vom Turm,
Und bald des norischen Dolches Stoß gerad' ins Herz,
Umsonst auch Band' um deine Kehle knüpfest du,
Vom dumpfen Lebensüberdruß geänstiget.
Dann sitz' ich aus des Feindes Nacken wie zu Roß,
Dann soll die Erde weichen meinem Übermut.
Ich, deren Macht Bewegung Wachsgebilden leiht,
– Wie selbst du, Lauscher, wohl bemerkt – und die vom Pol
Herunterreißen kann den Mond durch Banngetön,
Die auch den Staub verbrannter Leichnam' auferweckt,
Den Becher auch der Liebesglut zu mischen weiß,
Soll klagen, daß an dir sich meine Kunst verfehlt?